Bota e Shijeve Aziatike
Udha e Kuzhinave të Azisë

Mei Lin

Tabela e Përmbajtjes

Mish krokante me salce kerri *10*
Mish viçi i pjekur i pjekur *11*
Mish viçi i skuqur i skuqur *12*
Mish viçi me hudhër *13*
Mish viçi me xhenxhefil *14*
Mish viçi i gatuar në të kuqe me xhenxhefil *15*
Mish viçi me bishtaja *16*
Mish viçi i nxehtë *17*
Copa të nxehta viçi *18*
Mish viçi me Mangetout *20*
Mish viçi i pjekur i marinuar *21*
Mish viçi dhe kërpudha të skuqura *22*
Mish viçi i marinuar i skuqur *23*
Mish viçi i pjekur me kërpudha *25*
Mish viçi i skuqur me petë *27*
Mish viçi me petë orizi *28*
Mish viçi me qepë *29*
Mish viçi dhe bizele *30*
Mish viçi i skuqur me qepë *31*
Mish viçi me lëkurë të thatë portokalli *32*
Mish viçi me salcë perle *33*
Mish viçi me piper *34*
Biftek me piper *35*
Mish viçi me speca *36*
Copa viçi të skuqura me speca jeshil *37*
Mish viçi me turshi kineze *38*
Biftek me patate *39*
Mish viçi i gatuar në të kuqe *40*
Mish viçi i këndshëm *41*
Mish viçi i grirë *42*
Mish viçi i grirë në stilin familjar *43*
Mish viçi me erëza të grira *44*

Mish viçi i marinuar me spinaq	*45*
Viçi me fasule të zezë me qepë të pranverës	*47*
Mish viçi i skuqur me qepë të pranverës	*48*
Mish viçi dhe qepë me salcë peshku	*49*
Mish viçi në avull	*50*
Çomlek viçi	*51*
Fishkë viçi i zier	*52*
Mish Stir-Fry	*53*
Shirita bifteku	*55*
Mish viçi në avull me patate të ëmbla	*56*
Fileto viçi	*57*
Dolli me mish viçi	*58*
Mish viçi i grirë tofu-chilli	*59*
Mish viçi me domate	*60*
Mish viçi i gatuar në të kuqe me rrepë	*61*
Mish viçi me perime	*62*
Mish viçi i zier	*63*
Biftek i mbushur	*64*
Dumplings viçi	*66*
Qofte krokante	*67*
Mish viçi i grirë me arra shqeme	*69*
Mish viçi në salcë të kuqe	*70*
Topa viçi me oriz ngjitës	*71*
Qofte me salcë të ëmbël dhe të thartë	*72*
Puding me mish të zier në avull	*74*
Mish viçi i grirë në avull	*75*
I grirë i skuqur me salcë perle	*76*
Rolls viçi	*77*
Topa me mish viçi dhe spinaq	*78*
Mish viçi i skuqur me tofu	*79*
Qengji me Asparagus	*80*
Qengji i pjekur në skarë	*81*
Qengji me bishtaja	*82*
Qengj i zier	*83*
Qengji me brokoli	*84*
Qengji me Gështenja Uji	*85*

Qengji me lakër 86
Lamb Chow Mein 87
Kerri i Qengjit 88
Qengj aromatik 90
Kube qengji të pjekur në skarë 91
Qengji me Mangetout 92
Qengji i marinuar 93
Qengji me kërpudha 94
Mish qengji me salcë perle 95
Qengji i gatuar në të kuqe 96
Qengji me qepë të pranverës 97
Biftekët e butë të qengjit 98
Zierja e qengjit 99
Qengji i skuqur 101
Qengji dhe perime 102
Qengji me Tofu 103
Qengji i pjekur 105
Qengji i pjekur me mustardë 106
Gjoksi i Qengjit i mbushur 107
Qengji i pjekur 108
Qengji dhe oriz 109
Qengji i shelgut 110
Mish derri me bajame 111
Mish derri me kërcell bambuje 112
Mish derri i pjekur në Barbekju 113
Laker derri dhe fasule 114
Pulë me kërcell bambuje 115
Proshutë me avull 116
Proshutë me lakër 117
Pulë bajame 118
Pulë me bajame dhe gështenja uji 120
Pulë me bajame dhe perime 121
Pulë anise 122
Pulë me kajsi 124
Pulë me Asparagus 125
Pulë me patëllxhan 126

Pulë e mbështjellë me proshutë	127
Pulë me lakër fasule	128
Pulë me salcë fasule të zezë	129
Pulë me brokoli	130
Pulë me lakër dhe kikirikë	131
Pulë me shqeme	132
Pulë me gështenja	134
Ftohtë e nxehtë-Pulë	135
Pulë e skuqur me djegës	136
Pres pule Suey	138
Chicken Chow Mein	139
Pulë me erëza të skuqura me erëza	141
Pulë e skuqur me kastravec	142
Chilli-Curry pule	144
Curry pule kineze	145
Pulë e shpejtë e pjekur	146
Pulë e pjekur me patate	147
Këmbët e pulës të skuqura thellë	148
Pule e skuqur thelle me salce kerri	149
Pulë e dehur	150
Pulë e shijshme me vezë	151
Rrotullat e vezëve të pulës	153
Pulë e pjekur me vezë	155
Pulë e Lindjes së Largët	157
Pule Foo Yung	158
Proshutë dhe pulë Foo Yung	159
Pulë e skuqur me xhenxhefil	160
Pulë me xhenxhefil	161
Pulë me xhenxhefil me kërpudha dhe gështenja	162
Pulë e artë	163
Zierje pule e artë e marinuar	164
Monedha të arta	166
Pulë e zier në avull me proshutë	167
Pulë me salcë hoisin	168
Pulë me mjaltë	169
Pulë Kung Pao	170

Pulë me presh *171*
Pulë me limon *172*
Limon Chicken Stir-Fry *174*
Mëlçitë e pulës me kërcell bambuje *175*
Mëlçitë e pulës të skuqura *176*
Mëlçitë e pulave me Mangetout *177*
Mëlçitë e pulës me petulla *178*
Mëlçitë e pulës me salcë perle *179*
Mëlçitë e pulës me ananas *180*
Mëlçitë e pulave të ëmbla dhe të tharta *181*
Pulë me lychees *182*
Pulë me salcë Lychee *183*
Pulë me Mangetout *184*
Pulë me mango *185*
Pjepër i mbushur me pulë *186*
Pulë dhe kërpudha Stir-Fry *187*
Pulë me kërpudha dhe kikirikë *188*
Pulë e skuqur me kërpudha *190*
Pulë e zier në avull me kërpudha *191*
Pulë me qepë *192*
Pulë me portokall dhe limon *193*
Pulë me salcë perle *194*
Pako me pule *195*
Pulë me kikirikë *196*
Pulë me gjalpë kikiriku *197*
Pulë me bizele *198*
Pulë Pekini *199*
Pulë me speca *200*
Pulë e skuqur me speca *202*
Pulë dhe ananas *204*
Pulë me ananas dhe lychees *205*
Pulë me mish derri *206*
Pule e pjekur me patate *207*
Pulë me pesë erëza me patate *208*
Pulë e pjekur në të kuqe *209*
Rissoles pule *210*

Pulë e shijshme *211*
Pulë në vaj susami *212*
Pulë Sheri.. *213*
Pulë me salcë soje *214*
Pulë e pjekur pikante *215*
Pulë me spinaq... *216*
Pule Spring Rolls *217*

Mish krokante me salce kerri

Shërben 4

1 vezë e rrahur
15 ml/1 lugë gjelle miell misri (miseshte misri)
5 ml/1 lugë çaji bikarbonat sodë (sode buke)
15 ml/1 lugë gjelle verë orizi ose sheri të thatë
15 ml/1 lugë gjelle salcë soje
225 g/8 oz viçi pa dhjamë, i prerë në feta
90 ml/6 lugë gjelle vaj
100 g/4 oz pastë kerri

Përzieni vezën, miellin e misrit, bikarbonatin e sodës, verën ose sherin dhe salcën e sojës. Hidhni mishin e viçit dhe 15 ml/1 lugë gjelle vaj. Ngrohni vajin e mbetur dhe skuqni përzierjen e viçit dhe vezëve për 2 minuta. Hiqeni mishin dhe kullojeni vajin. Shtoni pastën e kerit në tigan dhe lëreni të ziejë më pas kthejeni mishin në tigan, përzieni mirë dhe shërbejeni.

Mish viçi i pjekur i pjekur

Shërben 4

45 ml/3 lugë gjelle vaj kikiriku (kikiriku).

5 ml/1 lugë kripë

1 thelpi hudhër, e shtypur

450 g/1 paund biftek çak, i prerë në kubikë

4 qepë (qepëza), të prera në feta

1 fetë rrënjë xhenxhefil, e grirë

30 ml/2 lugë gjelle pluhur kerri

15 ml/1 lugë gjelle verë orizi ose sheri të thatë

15 ml/1 lugë gjelle sheqer

400 ml/14 ml oz/1-œ filxhanë lëng viçi

15 ml/1 lugë gjelle miell misri (miseshte misri)

45 ml/3 lugë gjelle ujë

Ngrohni vajin dhe skuqni kripën dhe hudhrën derisa të skuqen lehtë. Shtoni biftekin dhe hidhni vajin më pas shtoni qepët dhe xhenxhefilin dhe skuqeni derisa mishi të skuqet nga të gjitha anët. Shtoni pluhurin e kerit dhe skuqeni për 1 minutë. Përzieni verën ose sherin dhe sheqerin, më pas shtoni lëngun, lëreni të vlojë, mbulojeni dhe ziejini për rreth 35 minuta derisa viçi të zbutet. Përzieni miellin e misrit dhe ujin në një masë, përzieni në salcë dhe ziejini, duke e trazuar, derisa salca të trashet.

Mish viçi i skuqur i skuqur

Shërben 4

225 g/8 oz viçi pa dhjamë
30 ml/2 lugë gjelle vaj kikiriku (kikiriku).
1 qepë e madhe, e prerë në feta
30 ml/2 lugë gjelle pluhur kerri
1 fetë rrënjë xhenxhefil, e grirë
15 ml/1 lugë gjelle verë orizi ose sheri të thatë
120 ml/4 fl oz/¬Ω filxhan lëng viçi
5 ml/1 lugë sheqer
15 ml/1 lugë gjelle miell misri (miseshte misri)
45 ml/3 lugë gjelle ujë

Pritini viçin në feta hollë kundër kokrrës. Ngrohni vajin dhe skuqni qepën derisa të jetë e tejdukshme. Shtoni kerin dhe xhenxhefilin dhe skuqini për disa sekonda. Shtoni mishin e viçit dhe skuqeni derisa të skuqet. Shtoni verën ose sherin dhe lëngun, lëreni të ziejë, mbulojeni dhe ziejini për rreth 5 minuta derisa viçi të gatuhet. Përzieni sheqerin,

miell misri dhe ujin i trazojmë në tigan dhe i ziejmë duke i përzier derisa të trashet salca.

Mish viçi me hudhër

Shërben 4

350 g/12 oz viçi pa dhjamë, i prerë në feta
4 thelpinj hudhër, të prera në feta
1 spec djegës i kuq, i prerë në feta
45 ml/3 lugë salcë soje
45 ml/3 lugë gjelle vaj kikiriku (kikiriku).
5 ml/1 lugë miell misri (miseshte misri)
15 ml/1 lugë gjelle ujë

Përzieni mishin e viçit me hudhrën, specin djegës dhe 30 ml/2 lugë salcë soje dhe lëreni të qëndrojë për 30 minuta, duke e përzier herë pas here. Ngrohni vajin dhe skuqeni përzierjen e mishit të viçit për disa minuta derisa të jetë gati gati. Përziejini përbërësit e mbetur në një pastë, përzieni në tigan dhe vazhdoni të skuqeni derisa viçi të jetë gatuar.

Mish viçi me xhenxhefil

Shërben 4

15 ml/1 lugë gjelle vaj kikiriku (kikiriku).
450 g/1 lb viçi pa dhjamë, i prerë në feta
1 qepë, e prerë hollë
2 thelpinj hudhre, te shtypura
2 copa xhenxhefil të kristalizuar, të prera hollë
15 ml/1 lugë gjelle salcë soje
150 ml/¬° pt/bujare ¬Ω filxhan ujë
2 kërcell selino, të prera në feta diagonale
5 ml/1 lugë kripë

Ngroheni vajin dhe skuqni mishin, qepën dhe hudhrën derisa të skuqen lehtë. Shtoni xhenxhefilin, salcën e sojës dhe ujin, lëreni të vlojë, mbulojeni dhe ziejini për 25 minuta. Shtoni selinon, mbulojeni dhe ziejini edhe për 5 minuta të tjera. Spërkateni me kripë përpara se ta shërbeni.

Mish viçi i gatuar në të kuqe me xhenxhefil

Shërben 4

450 g/1 paund viçi pa dhjamë
2 feta rrënjë xhenxhefili, të grira
4 qepë (qepë) të grira
120 ml/4 fl oz/¬Ω filxhan salcë soje
60 ml/4 lugë gjelle verë orizi ose sheri të thatë
400 ml/14 ml oz/1-æ gota ujë
15 ml/1 lugë gjelle sheqer kaf

Vendosni të gjithë përbërësit në një tigan të rëndë, lërini të vlojnë, mbulojeni dhe ziejini, duke i kthyer herë pas here, për rreth 1 orë derisa mishi të zbutet.

Mish viçi me bishtaja

Shërben 4

225 g/8 oz biftek, i prerë në feta hollë
30 ml/2 lugë gjelle miell misri (miseshte misri)
15 ml/1 lugë gjelle verë orizi ose sheri të thatë
15 ml/1 lugë gjelle salcë soje
30 ml/2 lugë gjelle vaj kikiriku (kikiriku).
2,5 ml/¬Ω lugë e vogël kripë
2 thelpinj hudhre, te shtypura
225 g/8 oz fasule jeshile
225 g/8 oz fidane bambuje, të prera në feta
50 g/2 oz kërpudha, të prera në feta
50 g/2 oz gështenja me ujë, të prera në feta
150 ml/¬° pt/bujare ¬Ω filxhan lëng pule

Vendosni biftekun në një tas. Përzieni së bashku 15 ml/1 lugë gjelle miell misri, verën ose sherin dhe salcën e sojës, përzieni në mish dhe marinojini për 30 minuta. Ngroheni vajin me kripën dhe hudhrën dhe skuqeni derisa hudhra të skuqet lehtë. Shtoni mishin dhe marinadën dhe skuqeni për 4 minuta. Shtoni fasulet dhe i përzieni për 2 minuta. Shtoni përbërësit e mbetur, lërini të vlojnë dhe ziejini për 4 minuta. Përzieni miellin e misrit të mbetur me një

pak ujë dhe e përziejmë në salcë. Ziejini duke e trazuar derisa salca të pastrohet dhe të trashet.

Mish viçi i nxehtë

Shërben 4

450 g/1 paund viçi pa dhjamë
6 qepë (qepëza), të prera në feta
4 feta rrënjë xhenxhefili
15 ml/1 lugë gjelle verë orizi ose sheri të thatë
15 ml/1 lugë gjelle salcë soje
4 speca djegës të kuq të thatë, të grira
10 kokrra piper
1 karafil anise
300 ml/¬Ω pt/1¬° gota ujë
2,5 ml/¬Ω lugë çaji vaj djegës

Vendoseni mishin e viçit në një tas me 2 qepë, 1 fetë xhenxhefil dhe gjysmën e verës dhe lëreni të marinohet për 30 minuta.
Lëreni një tigan të madh me ujë të vlojë, shtoni mishin e viçit dhe ziejini derisa të mbyllet

nga të gjitha anët më pas hiqeni dhe kulloni. Vendosni qepët e mbetura, xhenxhefilin dhe verën ose sherin në një tigan me speca djegës, kokrra piper dhe anise dhe shtoni ujin. Lëreni të vlojë, shtoni mishin e viçit, mbulojeni dhe ziejini për rreth 40 minuta derisa mishi të zbutet. Hiqeni mishin nga lëngu dhe kullojeni mirë. E presim hollë dhe e vendosim në një pjatë servirjeje të ngrohur. Shërbejeni të spërkatur me vaj djegës.

Copa të nxehta viçi

Shërben 4

150 ml/¬° pt/bujare ¬Ω filxhan vaj kikiriku (kikiriku).
450 g/1 lb viçi pa dhjamë, i prerë në feta kundër kokrrës
45 ml/3 lugë salcë soje
15 ml/1 lugë gjelle verë orizi ose sheri të thatë

1 fetë rrënjë xhenxhefil, e grirë
1 spec djegës i kuq i tharë, i grirë
2 karota, të grira
2 kërcell selino, të prera në feta diagonale
10 ml/2 lugë kripë

225 g/8 oz/1 filxhan oriz me kokërr të gjatë

Ngrohni dy të tretat e vajit dhe skuqni mishin e viçit, salcën e sojës dhe verën ose sherin për 10 minuta. Hiqni mishin dhe rezervoni salcën. Ngrohni vajin e mbetur dhe skuqni xhenxhefilin, piperin dhe karotat për 1 minutë. Shtoni selinon dhe skuqeni për 1 minutë. Shtoni mishin dhe kripën dhe skuqeni për 1 minutë.

Ndërkohë, gatuajeni orizin në ujë të vluar për rreth 20 minuta derisa të zbutet. Kullojini mirë dhe vendosini në një pjatë për servirje. Hidhni sipër përzierjen e viçit dhe salcën e nxehtë.

Mish viçi me Mangetout

Shërben 4

225 g/8 oz viçi pa dhjamë

30 ml/2 lugë gjelle miell misri (miseshte misri)

5 ml/1 lugë sheqer

5 ml/1 lugë salcë soje

10 ml/2 lugë çaji verë orizi ose sheri të thatë

30 ml/2 lugë gjelle vaj kikiriku (kikiriku).

2,5 ml/¬Ω lugë e vogël kripë

2 feta rrënjë xhenxhefili, të grira

225 g/8 oz mangeout (bizele bore)

60 ml/4 lugë gjelle lëng viçi

10 ml/2 lugë ujë

piper i sapo bluar

Pritini viçin në feta hollë kundër kokrrës. Përzieni gjysmën e miellit të misrit, sheqerin, salcën e sojës dhe verën ose sherin, shtoni mishit të viçit dhe përzieni mirë që të lyhet. Ngrohni gjysmën e vajit dhe skuqni kripën dhe xhenxhefilin dhe disa sekonda. Shtoni mangetout dhe përzieni që të lyhet me vaj. Shtoni lëngun, lëreni të vlojë dhe përzieni mirë më pas hiqeni mangeton dhe lëngun nga tigani. Ngrohni vajin e mbetur dhe skuqeni viçin derisa të skuqet lehtë. Kthejeni mangeout në tigan. Përzieni

pjesën e mbetur të miellit të misrit me ujin e përzieni në tigan dhe e rregulloni me piper. Ziejini duke e trazuar derisa salca të trashet.

Mish viçi i pjekur i marinuar

Shërben 4

450 g/1 paund biftek çak
75 ml/5 lugë salcë soje
60 ml/4 lugë gjelle verë orizi ose sheri të thatë
5 ml/1 lugë kripë
15 ml/1 lugë gjelle miell misri (miseshte misri)
45 ml/3 lugë gjelle vaj kikiriku (kikiriku).
15 ml/1 lugë gjelle sheqer kaf
15 ml/1 lugë gjelle uthull vere

Shponi biftekun në disa vende dhe vendoseni në një tas. Përziejmë salcën e sojës, verën ose sherin dhe kripën, e hedhim sipër mishit dhe e lëmë të qëndrojë për 3 orë duke e kthyer herë pas here. Kulloni mishin dhe hidhni marinadën. Thajeni mishin dhe pudrosni me miell misri. Ngrohni vajin dhe skuqni mishin derisa të skuqet nga të gjitha anët. Shtoni sheqerin dhe uthullën e verës dhe aq ujë sa të mbulojë mishin. Lëreni të vlojë, mbulojeni dhe ziejini për rreth 1 orë derisa mishi të zbutet.

Mish viçi dhe kërpudha të skuqura

Shërben 4

225 g/8 oz viçi pa dhjamë
15 ml/1 lugë gjelle miell misri (miseshte misri)
15 ml/1 lugë gjelle verë orizi ose sheri të thatë
15 ml/1 lugë gjelle salcë soje
2,5 ml/¬Ω lugë sheqer
45 ml/3 lugë gjelle vaj kikiriku (kikiriku).
1 fetë rrënjë xhenxhefil, e grirë
2,5 ml/¬Ω lugë e vogël kripë
225 g/8 oz kërpudha, të prera në feta
120 ml/4 fl oz/¬Ω filxhan lëng viçi

Pritini viçin në feta hollë kundër kokrrës. Përzieni miellin e misrit, verën ose sherin, salcën e sojës dhe sheqerin, përzieni në mishin e viçit dhe hidheni mirë që të lyhet. Ngrohni vajin dhe skuqni xhenxhefilin për 1 minutë. Shtoni mishin e viçit dhe skuqeni derisa të skuqet. Shtoni kripën dhe kërpudhat dhe përziejini mirë. Shtoni lëngun, lëreni të vlojë dhe ziejini duke e trazuar derisa salca të trashet.

Mish viçi i marinuar i skuqur

Shërben 4

450 g/1 lb viçi pa dhjamë, i prerë në feta
2 thelpinj hudhre, te shtypura
60 ml/4 lugë salcë soje
15 ml/1 lugë gjelle sheqer kaf
5 ml/1 lugë kripë
30 ml/2 lugë gjelle vaj kikiriku (kikiriku).

Vendoseni viçin në një tas dhe shtoni hudhrën, salcën e sojës, sheqerin dhe kripën. I përziejmë mirë, e mbulojmë dhe e lëmë të marinohet për rreth 2 orë duke i kthyer herë pas here. Kullojeni duke e hedhur marinadën. Ngrohni vajin dhe skuqeni mishin derisa të skuqet nga të gjitha anët dhe më pas shërbejeni menjëherë.

Mish viçi i pjekur me kërpudha

Shërben 4

1 kg/2 lb nga pjesa e sipërme e viçit
kripë dhe piper i sapo bluar
60 ml/4 lugë salcë soje
30 ml/2 lugë gjelle salcë hoisin
30 ml/2 lugë mjaltë
30 ml/2 lugë gjelle uthull vere
5 ml/1 lugë gjelle piper i sapo bluar
5 ml/1 lugë anise të bluar
5 ml/1 lugë e vogël koriandër të bluar
6 kërpudha të thata kineze
60 ml/4 lugë gjelle vaj kikiriku (kikiriku).
5 ml/2 lugë miell misri (miseshte misri)
15 ml/1 lugë gjelle ujë
400 g/14 oz domate të konservuara
6 qepë (qepëza), të prera në rripa
2 karota, të grira
30 ml/2 lugë gjelle salcë kumbulle
60 ml/4 lugë gjelle qiqra të grira

Shponi mishin e viçit disa herë me një pirun. I rregullojmë me kripë dhe piper dhe i vendosim në një tas. Përzieni salcat, mjaltin, uthullën e verës, piperin dhe erëzat, derdhni sipër mishit, mbulojeni dhe lëreni të marinohet në frigorifer gjatë gjithë natës.

Thithni kërpudhat në ujë të ngrohtë për 30 minuta dhe më pas kullojini. Hidhni kërcellet dhe pritini kapakët. Ngroheni vajin dhe skuqeni mishin derisa të skuqet mirë duke e kthyer shpesh. Përziejmë miellin e misrit dhe ujin dhe e shtojmë në tiganin me domatet. Lëreni të vlojë, mbulojeni dhe ziejini butësisht për rreth 1¬Ω orë derisa të zbuten. Shtoni qepët dhe karotat dhe vazhdoni të ziejini për 10 minuta derisa karotat të zbuten. Përzieni salcën e kumbullës dhe ziejini për 2 minuta. E heqim mishin nga salca dhe e presim në feta të trasha. E kthejmë në salcë që të ngrohet më pas e shërbejmë të spërkatur me qiqra.

Mish viçi i skuqur me petë

Shërben 4

100 g/4 oz petë të holla me vezë
30 ml/2 lugë gjelle vaj kikiriku (kikiriku).
225 g/8 oz viçi pa dhjamë, i grirë
30 ml/2 lugë salcë soje
15 ml/1 lugë gjelle verë orizi ose sheri të thatë
2,5 ml/¬Ω lugë e vogël kripë
2,5 ml/¬Ω lugë sheqer
120 ml/4 fl oz/¬Ω filxhan ujë

Thithni petët derisa të zbuten pak më pas i kulloni dhe i prisni në gjatësi 7,5 cm/3. Ngrohni gjysmën e vajit dhe skuqeni mishin derisa të skuqet. Shtoni salcën e sojës, verën ose sherin, kripën dhe sheqerin dhe skuqini për 2 minuta më pas hiqeni nga tigani. Ngrohni vajin e mbetur dhe skuqni petët derisa të lyhen me vaj. Kthejeni përzierjen e viçit në tigan, shtoni ujin dhe lëreni të vlojë. Gatuani dhe ziejini për rreth 5 minuta derisa lëngu të përthithet.

Mish viçi me petë orizi

Shërben 4

4 kërpudha të thata kineze
30 ml/2 lugë gjelle vaj kikiriku (kikiriku).
2,5 ml/¬Ω lugë e vogël kripë
225 g/8 oz viçi pa dhjamë, i prerë në feta
100 g/4 oz fidane bambuje, të prera në feta
100 g/4 oz selino, të prera në feta
1 qepë, e prerë në feta
120 ml/4 fl oz/¬Ω filxhan lëng viçi
2,5 ml/¬Ω lugë sheqer
10 ml/2 lugë miell misri (miseshte misri)
5 ml/1 lugë salcë soje
15 ml/1 lugë gjelle ujë
100 g/4 oz petë orizi
vaj për tiganisje të thellë

Thithni kërpudhat në ujë të ngrohtë për 30 minuta dhe më pas kullojini. Hidhni kërcellet dhe pritini kapakët. Ngroheni gjysmën e vajit dhe skuqni kripën dhe mishin e viçit derisa të marrin ngjyrë kafe të lehtë dhe më pas hiqeni nga tigani. Ngrohni vajin e mbetur dhe skuqni perimet derisa të zbuten. Hidhni lëngun dhe sheqerin dhe lërini të vlojnë. Kthejeni mishin në tigan, mbulojeni dhe ziejini për 3 minuta. Përzieni së bashku miellin e misrit, salcën e sojës dhe ujin, përzieni në tigan dhe ziejini duke e trazuar derisa masa të trashet. Ndërkohë skuqni petët e orizit në vaj të nxehtë për disa sekonda derisa të fryhen dhe të jenë të freskëta dhe shërbejini sipër mishit të viçit.

Mish viçi me qepë

Shërben 4

60 ml/4 lugë gjelle vaj kikiriku (kikiriku).
300 g/11 oz viçi pa dhjamë, i prerë në rripa
100 g/4 oz qepë, të prera në rripa
15 ml/1 lugë gjelle lëng pule
5 ml/1 lugë çaji verë orizi ose sheri të thatë
5 ml/1 lugë sheqer
5 ml/1 lugë salcë soje
kripë
vaj susami

Ngroheni vajin dhe skuqni mishin dhe qepët në zjarr të fortë derisa të skuqen lehtë. Përzieni lëngun, verën ose sherin, sheqerin dhe salcën e sojës dhe skuqeni shpejt derisa të përzihen mirë.

Sezoni sipas shijes me kripë dhe vaj susami përpara se ta shërbeni.

Mish viçi dhe bizele

Shërben 4

30 ml/2 lugë gjelle vaj kikiriku (kikiriku).
450 g/1 lb viçi pa dhjamë, i prerë në kubikë
2 qepë, të prera në feta
2 kërcell selino, të prera në feta
100 g/4 oz bizele të freskëta ose të ngrira, të shkrira
250 ml/8 ml oz/1 filxhan lëng pule
15 ml/1 lugë gjelle salcë soje
15 ml/1 lugë gjelle miell misri (miseshte misri)

Ngrohni vajin dhe skuqeni viçin derisa të skuqet lehtë. Shtoni qepët, selinon dhe bizelet dhe skuqini për 2 minuta. Shtoni lëngun dhe salcën e sojës, lëreni të vlojë, mbulojeni dhe ziejini për 10 minuta. Përziejmë miellin e misrit me pak ujë dhe e përziejmë në salcë. Ziejini duke e trazuar derisa salca të pastrohet dhe të trashet.

Mish viçi i skuqur me qepë

Shërben 4

225 g/8 oz viçi pa dhjamë
2 qepe (qepe), te grira
30 ml/2 lugë salcë soje
30 ml/2 lugë gjelle verë orizi ose sheri të thatë
30 ml/2 lugë gjelle vaj kikiriku (kikiriku).
1 thelpi hudhër, e shtypur
5 ml/1 lugë uthull vere
disa pika vaj susami

Pritini viçin në feta të holla kundër kokrrës. Përzieni qepët e pranverës, salcën e sojës dhe verën ose sherin, përzieni mishin e viçit dhe lëreni të qëndrojë për 30 minuta. Kullojeni duke e hedhur marinadën. Ngroheni vajin dhe skuqni hudhrën derisa të skuqet lehtë. Shtoni mishin e viçit dhe skuqeni derisa të skuqet. Shtoni uthullën dhe vajin e susamit, mbulojeni dhe ziejini për 2 minuta.

Mish viçi me lëkurë të thatë portokalli

Shërben 4

450 g/1 lb viçi pa dhjamë, i prerë në feta hollë
5 ml/1 lugë kripë
vaj për tiganisje të thellë
30 ml/2 lugë gjelle vaj kikiriku (kikiriku).
100 g/4 oz lëvozhgë të tharë portokalli
2 speca djegës të thatë, të grira hollë
5 ml/1 lugë gjelle piper i sapo bluar
45 ml/3 lugë gjelle lëng viçi
2,5 ml/¬Ω lugë sheqer
15 ml/1 lugë gjelle verë orizi ose sheri të thatë
5 ml/1 lugë uthull vere
2,5 ml/¬Ω lugë vaj susami

Spërkateni mishin me kripë dhe lëreni të qëndrojë për 30 minuta. Ngrohni vajin dhe skuqeni thellë mishin deri sa të gatuhet gjysmë. E heqim dhe e kullojmë mirë. Ngrohni vajin dhe skuqni lëkurën e portokallit, specat djegës dhe piperin për 1 minutë. Shtoni mishin dhe lëngun dhe lëreni të ziejë. Shtoni sheqerin dhe uthullën e verës dhe ziejini derisa të mos ketë mbetur shumë lëng. Hidhni uthullën e verës dhe vajin e susamit dhe përzieni mirë. Shërbejeni në një shtrat me gjethe marule.

Mish viçi me salcë perle

Shërben 4

15 ml/1 lugë gjelle vaj kikiriku (kikiriku).
2 thelpinj hudhre, te shtypura
450 g/1 paund biftek i prerë, i prerë në feta
100 g/4 oz kërpudha butona
15 ml/1 lugë gjelle verë orizi ose sheri të thatë
150 ml/¬° pt/bujare ¬Ω filxhan lëng pule
30 ml/2 lugë gjelle salcë gocë deti
5 ml/1 lugë sheqer kaf
kripë dhe piper i sapo bluar
4 qepë (qepëza), të prera në feta
15 ml/1 lugë gjelle miell misri (miseshte misri)

Ngroheni vajin dhe skuqni hudhrën derisa të skuqet lehtë. Shtoni biftekun dhe kërpudhat dhe i përzieni derisa të skuqen lehtë. Shtoni verën ose sherin dhe skuqeni për 2 minuta. Shtoni lëngun, salcën e gocave dhe sheqerin dhe i rregulloni me kripë dhe piper. Lëreni të vlojë dhe ziejini, duke e përzier herë pas here, për 4 minuta. Shtoni qepët e pranverës. Përziejmë miellin e misrit me pak ujë dhe e përziejmë në tigan. Ziejini duke e trazuar derisa salca të pastrohet dhe të trashet.

Mish viçi me piper

Shërben 4

350 g/12 oz viçi pa dhjamë, i prerë në rripa
75 ml/5 lugë salcë soje
75 ml/5 lugë gjelle vaj kikiriku (kikiriku).
5 ml/1 lugë miell misri (miseshte misri)
75 ml/5 lugë gjelle ujë
2 qepë, të prera në feta
5 ml/1 lugë gjelle salcë goca deti
piper i sapo bluar
kosha me petë

Marinojeni mishin me salcën e sojës, 15 ml/1 lugë vaj, miell misri dhe ujë për 1 orë. Hiqeni mishin nga marinada dhe kullojeni mirë. Ngrohni vajin e mbetur, skuqni mishin dhe qepët derisa të skuqen lehtë. Shtoni marinadën dhe salcën e gocave dhe rregullojini me bollëk piper. Lëreni të vlojë, mbulojeni dhe ziejini për 5 minuta, duke e përzier herë pas here. Shërbejeni me kosha me petë.

Biftek me piper

Shërben 4

45 ml/3 lugë gjelle vaj kikiriku (kikiriku).

5 ml/1 lugë kripë

2 thelpinj hudhre, te shtypura

450 g/1 lb biftek fileto kundri, i prerë në feta hollë

1 qepë, e prerë në copa

2 speca jeshile, të grira në copa

120 ml/4 fl oz/¬Ω filxhan lëng viçi

5 ml/1 lugë sheqer kaf

5 ml/1 lugë çaji verë orizi ose sheri të thatë

kripë dhe piper i sapo bluar

30 ml/2 lugë gjelle miell misri (miseshte misri)

30 ml/2 lugë salcë soje

Ngroheni vajin mc kripën dhe hudhrën derisa hudhra të skuqet lehtë më pas shtoni biftekun dhe skuqeni derisa të skuqet nga të gjitha anët. Shtoni qepën dhe specat dhe skuqini për 2 minuta. Shtoni lëngun, sheqerin, verën ose sherin dhe i rregulloni me kripë dhe piper. Lëreni të vlojë, mbulojeni dhe ziejini për 5 minuta. Përzieni së bashku miellin e misrit dhe salcën e sojës dhe më pas përzieni në salcë. Ziejini, duke e trazuar, derisa salca të pastrohet dhe të trashet, duke shtuar pak ujë shtesë nëse është e nevojshme për ta bërë salcën konsistencën që preferoni.

Mish viçi me speca

Shërben 4

350 g/12 oz viçi pa dhjamë, i prerë në feta hollë
3 speca djegës të kuq, të prera dhe të grira
3 qepë (qepëza), të prera në copa
2 thelpinj hudhre, te shtypura
15 ml/1 lugë gjelle salcë fasule të zezë
1 karotë, e prerë në feta
3 speca jeshil të prerë në copa
kripë
15 ml/1 lugë gjelle vaj kikiriku (kikiriku).
5 ml/1 lugë salcë soje
45 ml/3 lugë gjelle ujë
5 ml/1 lugë çaji verë orizi ose sheri të thatë
5 ml/1 lugë miell misri (miseshte misri)

Marinojeni viçin me specat djegës, qepët, hudhrat, salcën e fasules së zezë dhe karotat për 1 orë. Ziejini specat në ujë të vluar me kripë për 3 minuta dhe më pas kullojini mirë. Ngrohni vajin dhe skuqeni përzierjen e viçit për 2 minuta. Shtoni specat dhe i përzieni për 3 minuta. Shtoni salcën e sojës, ujin dhe verën ose sherin. Përziejmë miellin e misrit me pak ujë, e përziejmë në tigan dhe e kaurdisim derisa të trashet salca.

Copa viçi të skuqura me speca jeshil

Shërben 4

225 g/8 oz viçi pa dhjamë, i grirë
1 e bardhe veze
15 ml/1 lugë gjelle miell misri (miseshte misri)
2,5 ml/¬Ω lugë e vogël kripë
5 ml/1 lugë çaji verë orizi ose sheri të thatë
2,5 ml/¬Ω lugë sheqer
vaj për tiganisje të thellë
30 ml/2 lugë gjelle vaj kikiriku (kikiriku).
2 speca djegës të kuq, të prerë në kubikë
2 feta rrënjë xhenxhefili, të grira
15 ml/1 lugë gjelle salcë soje
2 speca jeshilë të mëdhenj, të prerë në kubikë

Vendoseni viçin në një enë me të bardhën e vezës, miell misri, kripë, verë ose sheri dhe sheqer dhe lëreni të marinohet për 30 minuta. Ngrohni vajin dhe skuqeni thellë mishin derisa të skuqet lehtë. E heqim nga tava dhe e kullojmë mirë. Ngrohni vajin dhe skuqni specat djegës dhe xhenxhefilin për disa sekonda. Shtoni mishin dhe salcën e sojës dhe skuqeni derisa të zbuten. Shtoni specat jeshil, përziejini mirë dhe skuqini për 2 minuta. Shërbejeni menjëherë.

Mish viçi me turshi kineze

Shërben 4

100 g/4 oz turshi kineze, të grira
450 g/1 lb biftek pa dhjamë, i prerë në feta kundër kokrrës
30 ml/2 lugë salcë soje
5 ml/1 lugë kripë
2,5 ml/¬Ω lugë e vogël piper i sapo bluar
60 ml/4 lugë gjelle vaj kikiriku (kikiriku).
15 ml/1 lugë gjelle miell misri (miseshte misri)

Përziejini mirë të gjithë përbërësit dhe vendosini në një tas kundër furrës. Vendoseni tasin në një raft në një avullore, mbulojeni dhe ziejini me ujë të vluar për 40 minuta derisa viçi të gatuhet.

Biftek me patate

Shërben 4

450 g/1 paund biftek
60 ml/4 lugë gjelle vaj kikiriku (kikiriku).
5 ml/1 lugë kripë
2,5 ml/¬Ω lugë e vogël piper i sapo bluar
1 qepë, e grirë
1 thelpi hudhër, e shtypur
225 g/8 oz patate, të prera në kubikë
175 ml/6 fl oz/¬œ filxhan lëng viçi
250 ml/8 ml oz/1 filxhan gjethe selino të copëtuara
30 ml/2 lugë gjelle miell misri (miseshte misri)
15 ml/1 lugë gjelle salcë soje
60 ml/4 lugë gjelle ujë

Pritini biftekin në rripa dhe më pas në copa të holla kundër kokrrës. Ngroheni vajin dhe skuqni biftekun, kripën, piperin, qepën dhe hudhrën derisa të skuqen lehtë. Shtoni patatet dhe lëngun, lërini të vlojnë, mbulojeni dhe ziejini për 10 minuta. Shtoni gjethet e selinos dhe ziejini për rreth 4 minuta derisa të zbuten. Përzieni miellin e misrit, salcën e sojës dhe ujin në një pastë, shtoni në tigan dhe ziejini duke e trazuar derisa salca të pastrohet dhe të trashet.

Mish viçi i gatuar në të kuqe

Shërben 4

450 g/1 paund viçi pa dhjamë
120 ml/4 fl oz/¬Ω filxhan salcë soje
60 ml/4 lugë gjelle verë orizi ose sheri të thatë
15 ml/1 lugë gjelle sheqer kaf
375 ml/13 floz/1¬Ω gota ujë

Vendoseni mishin, salcën e sojës, verën ose sherin dhe sheqerin në një tigan me bazë të rëndë dhe lëreni të ziejë. Mbulojeni dhe ziejini për 10 minuta duke e kthyer një ose dy herë. Përzieni ujin dhe lëreni të vlojë. Mbulojeni dhe ziejini për rreth 1 orë derisa mishi të zbutet, duke shtuar pak ujë të vluar nëse është e nevojshme gjatë zierjes nëse mishi bëhet shumë i thatë. Shërbejeni të nxehtë ose të ftohtë.

Mish viçi i këndshëm

Shërben 4

30 ml/2 lugë gjelle vaj kikiriku (kikiriku).
450 g/1 lb viçi pa dhjamë, i prerë në kubikë
2 qepë (qepëza), të prera në feta
2 thelpinj hudhre, te shtypura
1 fetë rrënjë xhenxhefil, e grirë
2 karafil anise yll, të grimcuar
250 ml/8 ml oz/1 filxhan salcë soje
30 ml/2 lugë gjelle verë orizi ose sheri të thatë
30 ml/2 lugë gjelle sheqer kaf
5 ml/1 lugë kripë
600 ml/1 pt/2¬Ω gota ujë

Ngrohni vajin dhe skuqni mishin derisa të skuqet lehtë. Kulloni vajin e tepërt dhe shtoni qepët, hudhrat, xhenxhefilin dhe anise dhe skuqini për 2 minuta. Shtoni salcën e sojës, verën ose sherin, sheqerin dhe kripën dhe përziejini mirë. Shtoni ujin, lëreni të vlojë, mbulojeni dhe ziejini për 1 orë. Hiqeni kapakun dhe ziejini derisa salca të jetë pakësuar.

Mish viçi i grirë

Shërben 4

750 g/1¬Ω lb mish viçi pa dhjamë, i prerë në kubikë
250 ml/8 ml oz/1 filxhan lëng viçi
120 ml/4 fl oz/¬Ω filxhan salcë soje
60 ml/4 lugë gjelle verë orizi ose sheri të thatë
45 ml/3 lugë gjelle vaj kikiriku (kikiriku).

Vendoseni viçin, lëngun, salcën e sojës dhe verën ose sherin në një tigan me bazë të rëndë. Lërini të ziejnë dhe ziejnë duke e trazuar derisa lëngu të avullojë. Lëreni të ftohet më pas ftoheni. Pritini mishin me dy pirunë. Ngroheni vajin më pas shtoni mishin e viçit dhe skuqeni shpejt derisa të lyhet me vaj. Vazhdoni të gatuani në zjarr mesatar derisa mishi i viçit të thahet plotësisht. Lëreni të ftohet dhe shërbejeni me petë ose oriz.

Mish viçi i grirë në stilin familjar

Shërben 4

225 g/8 oz viçi, i grirë
15 ml/1 lugë gjelle salcë soje
15 ml/1 lugë gjelle salcë gocë deti
45 ml/3 lugë gjelle vaj kikiriku (kikiriku).
1 fetë rrënjë xhenxhefil, e grirë
1 spec djegës i kuq, i grirë
4 kërcell selino, të prera në feta diagonale
15 ml/1 lugë gjelle salcë fasule të nxehtë
5 ml/1 lugë kripë
15 ml/1 lugë gjelle verë orizi ose sheri të thatë
5 ml/1 lugë vaj susami
5 ml/1 lugë uthull vere
piper i sapo bluar

Vendoseni viçin në një tas me salcën e sojës dhe salcën e gocave dhe lëreni të marinohet për 30 minuta. Ngrohni vajin dhe skuqni mishin derisa të skuqet lehtë dhe më pas i hiqni nga tigani. Shtoni xhenxhefilin dhe specin djegës dhe skuqeni për disa sekonda. Shtoni selinon dhe skuqeni derisa të gatuhet gjysmë. Shtoni mishin e viçit, salcën e fasules së nxehtë dhe kripën dhe përziejini mirë. Shtoni verën ose sherin, vajin e susamit dhe uthullën dhe skuqeni derisa mishi i viçit të jetë i butë dhe përbërësit të përzihen mirë. Shërbejeni të spërkatur me piper.

Mish viçi me erëza të grira

Shërben 4

90 ml/6 lugë gjelle vaj kikiriku (kikiriku).
450 g/1 lb viçi pa dhjamë, i prerë në rripa
50 g/2 oz pastë fasule djegëse
piper i sapo bluar
15 ml/1 lugë gjelle rrënjë xhenxhefili të grirë
30 ml/2 lugë gjelle verë orizi ose sheri të thatë
225 g/8 oz selino, të prerë në copa
30 ml/2 lugë salcë soje
5 ml/1 lugë sheqer
5 ml/1 lugë uthull vere

Ngroheni vajin dhe skuqni mishin derisa të marrë ngjyrë kafe. Shtoni pastën e fasules dhe piperin dhe skuqeni për 3 minuta. Shtoni xhenxhefilin, verën ose sherin dhe selinon dhe përziejini mirë së bashku. Shtoni salcën e sojës, sheqerin dhe uthullën dhe skuqeni për 2 minuta.

Mish viçi i marinuar me spinaq

Shërben 4

450 g/1 lb viçi pa dhjamë, i prerë në feta hollë

45 ml/3 lugë gjelle verë orizi ose sheri të thatë

15 ml/1 lugë gjelle salcë soje

5 ml/1 lugë sheqer

2,5 ml/¬Ω lugë vaj susami

450 g/1 paund spinaq

45 ml/3 lugë gjelle vaj kikiriku (kikiriku).

2 feta rrënjë xhenxhefili, të grira

30 ml/2 lugë gjelle lëng viçi

5 ml/1 lugë miell misri (miseshte misri)

Rrafshoni pak mishin duke e shtypur me gishta. Përzieni së bashku verën ose sherin, salcën e sojës, sherin dhe vajin e susamit. Shtoni mishin, mbulojeni dhe vendoseni në frigorifer për 2 orë, duke e përzier herë pas here. Pritini gjethet e spinaqit në copa të mëdha dhe bishtat në feta të trasha. Ngrohni 30 ml/2 lugë vaj dhe skuqni kërcellet e spinaqit dhe xhenxhefilin për 2 minuta. Hiqeni nga tigani.

Ngrohni vajin e mbetur. Kullojeni mishin duke e rezervuar marinadën. Shtoni gjysmën e mishit në tigan, duke i shpërndarë fetat që të mos mbivendosen. Gatuani për rreth 3 minuta derisa të skuqet lehtë nga të dyja anët. Hiqeni nga tigani dhe skuqni mishin e mbetur, më pas hiqeni nga tigani. Përzieni lëngun dhe miellin e misrit në marinadë. Shtoni masën në tigan dhe lëreni të vlojë. Shtoni gjethet e spinaqit, kërcellet dhe xhenxhefilin. Ziejini për rreth 3 minuta derisa spinaqi të thahet dhe më pas përzieni mishin. Gatuani edhe 1 minutë të tjera dhe më pas shërbejeni menjëherë.

Viçi me fasule të zezë me qepë të pranverës

Shërben 4

225 g/8 oz viçi pa dhjamë, i prerë në feta hollë

1 vezë e rrahur lehtë

5 ml/1 lugë salcë soje e lehtë

2,5 ml/¬Ω lugë çaji verë orizi ose sheri të thatë

2,5 ml/¬Ω lugë e vogël miell misri (miseshte misri)

250 ml/8 ml oz/1 filxhan vaj kikiriku (kikiriku).

2 thelpinj hudhre, te shtypura

30 ml/2 lugë gjelle salcë fasule të zezë

15 ml/1 lugë gjelle ujë

6 qepë (qepëza), të prera në feta diagonale

2 feta rrënjë xhenxhefili, të grira

Përzieni viçin me vezën, salcën e sojës, verën ose sherin dhe miell misri. Lëreni të qëndrojë për 10 minuta. Ngrohni vajin dhe skuqni mishin derisa të jetë gati gati. E heqim nga tava dhe e kullojmë mirë. Hidhni të gjitha, përveç 15 ml/1 lugë gjelle vaj, ngrohni përsëri dhe skuqni hudhrën dhe salcën e fasules së zezë për 30 sekonda. Shtoni mishin dhe ujin dhe skuqeni për rreth 4 minuta derisa viçi të jetë i butë.

Ndërkohë, ngrohni edhe 15 ml/ 1 lugë gjelle vaj dhe skuqni për pak kohë qepët dhe xhenxhefilin. Hidhni mishin me lugë në një pjatë servirjeje të ngrohur, sipër me qepët e pranverës dhe shërbejeni.

Mish viçi i skuqur me qepë të pranverës

Shërben 4

45 ml/3 lugë gjelle vaj kikiriku (kikiriku).
225 g/8 oz viçi pa dhjamë, i prerë në feta hollë
8 qepë (qepë), të prera në feta
75 ml/5 lugë salcë soje
15 ml/1 lugë gjelle verë orizi ose sheri të thatë
30 ml/2 lugë gjelle vaj susami

Ngrohni vajin dhe skuqni mishin dhe qepët derisa të skuqen lehtë. Shtoni salcën e sojës dhe verën ose sherin dhe skuqeni derisa mishi të gatuhet sipas dëshirës tuaj. Përzieni vajin e susamit përpara se ta shërbeni.

Mish viçi dhe qepë me salcë peshku

Shërben 4

350 g/12 oz viçi pa dhjamë, i prerë në feta hollë
15 ml/1 lugë gjelle miell misri (miseshte misri)
15 ml/1 lugë gjelle ujë
2,5 ml/½ lugë çaji verë orizi ose sheri të thatë
majë sodë bikarbonate (sode buke)
majë kripë
45 ml/3 lugë gjelle vaj kikiriku (kikiriku).
6 qepë (qepëza), të prera në copa 5 cm/2
2 thelpinj hudhre, te shtypura
2 feta xhenxhefil, të grirë
5 ml/1 lugë salcë peshku
2,5 ml/½ lugë gjelle salcë goca deti

Marinojeni mishin me miell misri, ujë, verë ose sheri, bikarbonat sode dhe kripë për 1 orë. Ngrohni 30 ml/2 lugë vaj dhe skuqni mishin e viçit me gjysmën e qepëve, gjysmën e hudhrës dhe xhenxhefilin derisa të skuqen mirë. Ndërkohë ngrohni vajin e mbetur dhe skuqni qepët e mbetura, hudhrën dhe xhenxhefilin me salcën e peshkut dhe salcën e gocave deri sa të zbuten. Përziejini të dyja bashkë dhe ngrohni përpara se ta shërbeni.

Mish viçi në avull

Shërben 4

450 g/1 lb viçi pa dhjamë, i prerë në feta
5 ml/1 lugë miell misri (miseshte misri)
2 feta rrënjë xhenxhefili, të grira
15 ml/1 lugë gjelle salcë soje
15 ml/1 lugë gjelle verë orizi ose sheri të thatë
2,5 ml/¬Ω lugë e vogël kripë
2,5 ml/¬Ω lugë sheqer
15 ml/1 lugë gjelle vaj kikiriku (kikiriku).
2 qepe (qepe), te grira
15 ml/1 lugë majdanoz i grirë me gjethe të sheshta

Vendoseni viçin në një tas. Përzieni së bashku miellin e misrit, xhenxhefilin, salcën e sojës, verën ose sherin, kripën dhe sheqerin dhe më pas përzieni në viçin. Lëreni të qëndrojë për 30 minuta, duke e përzier herë pas here. Vendosini fetat e viçit në një enë të cekët rezistente ndaj nxehtësisë dhe spërkatini me vaj dhe qepë të freskëta. Ziejini me avull në një raft mbi ujë të vluar për rreth 40 minuta derisa viçi të gatuhet. Shërbejeni të spërkatur me majdanoz.

Çomlek viçi

Shërben 4

15 ml/1 lugë gjelle vaj kikiriku (kikiriku).
1 thelpi hudhër, e shtypur
1 fetë rrënjë xhenxhefili, e prerë
450 g/1 lb biftek i zier, i prerë në kubikë
45 ml/3 lugë salcë soje
30 ml/2 lugë gjelle verë orizi ose sheri të thatë
15 ml/1 lugë gjelle sheqer kaf
300 ml/½ pt/1¼ filxhanë lëng pule
2 qepë, të prera në copa
2 karota, të prera në feta të trasha
100 g/4 oz lakër, të grirë

Ngroheni vajin me hudhrën dhe xhenxhefilin dhe skuqeni derisa hudhra të skuqet lehtë. Shtoni biftekun dhe skuqeni për 5 minuta derisa të marrë ngjyrë kafe. Shtoni salcën e sojës, verën ose sherin dhe sheqerin, mbulojeni dhe ziejini për 10 minuta. Shtoni lëngun, lëreni të vlojë, mbulojeni dhe ziejini për rreth 30 minuta.

Shtoni qepët, karotat dhe lakrën, mbulojeni dhe ziejini për 15 minuta të tjera.

Fishkë viçi i zier

Shërben 4

450 g/1 paund gjoks viçi
45 ml/3 lugë gjelle vaj kikiriku (kikiriku).
3 qepë (qepëza), të prera në feta
2 feta rrënjë xhenxhefili, të prera
1 thelpi hudhër, e shtypur
120 ml/4 fl oz/¬Ω filxhan salcë soje
5 ml/1 lugë sheqer
45 ml/3 lugë gjelle verë orizi ose sheri të thatë
3 karafil anise
4 karota, të prera në kubikë
225 g/8 oz lakër kineze
15 ml/1 lugë gjelle miell misri (miseshte misri)
45 ml/3 lugë gjelle ujë

Vendoseni viçin në një tigan dhe thjesht mbulojeni me ujë. Lëreni të vlojë, mbulojeni dhe ziejini lehtë për rreth 1¬Ω orë derisa mishi të zbutet. E heqim nga tava dhe e kullojmë mirë.

Pritini në 2,5 cm/1 në kubikë dhe rezervoni 250 ml/ 8 ml oz/1 filxhan lëng.

Ngrohni vajin dhe skuqni qepët, xhenxhefilin dhe hudhrën për disa sekonda. Shtoni salcën e sojës, sheqerin, verën ose sherin dhe aniseun dhe përziejini mirë. Shtoni mishin e viçit dhe lëngun e rezervuar. Lëreni të vlojë, mbulojeni dhe ziejini për 20 minuta. Ndërkohë gatuajmë lakrën kineze në ujë të vluar derisa të zbutet. Transferoni mishin dhe perimet në një pjatë servirjeje të ngrohur. Përzieni miellin e misrit dhe ujin në një masë, përzieni në salcë dhe ziejini duke e trazuar derisa salca të pastrohet dhe të trashet. Hidhni sipër mishin dhe shërbejeni me lakrën kineze.

Mish Stir-Fry

Shërben 4

225 g/8 oz viçi pa dhjamë
45 ml/3 lugë gjelle vaj kikiriku (kikiriku).
1 fetë rrënjë xhenxhefili, e prerë
2 thelpinj hudhre, te shtypura

2 qepë (qepëza), të grira
50 g/2 oz kërpudha, të prera në feta
1 piper i kuq, i prere ne feta
225 g/8 oz lulelakër lulesh
50 g/2 oz mangeout (bizele bore)
30 ml/2 lugë salcë soje
15 ml/1 lugë gjelle miell misri (miseshte misri)
15 ml/1 lugë gjelle verë orizi ose sheri të thatë
120 ml/4 fl oz/¬Ω filxhan lëng viçi

Pritini viçin në feta hollë kundër kokrrës. Ngrohni gjysmën e vajit dhe skuqni xhenxhefilin, hudhrën dhe qepët derisa të skuqen lehtë. Shtoni mishin e viçit dhe skuqeni derisa të marrë ngjyrë kafe më pas hiqeni nga tigani. Ngrohni vajin e mbetur dhe skuqni perimet derisa të lyhen me vaj. Përzieni lëngun, lëreni të vlojë, mbulojeni dhe ziejini derisa perimet të jenë të buta, por ende të freskëta. Përziejmë salcën e sojës, miellin e misrit dhe verën ose sherin dhe e trazojmë në tigan. Ziejini duke e trazuar derisa salca të trashet.

Shirita bifteku

Shërben 4

450 g/1 paund biftek
120 ml/4 fl oz/¬Ω filxhan salcë soje
120 ml/4 fl oz/¬Ω filxhan lëng pule
1 cm/¬Ω në feta rrënjë xhenxhefili
2 thelpinj hudhre, te shtypura
30 ml/2 lugë gjelle verë orizi ose sheri të thatë
15 ml/1 lugë gjelle sheqer kaf
15 ml/1 lugë gjelle vaj kikiriku (kikiriku).

Fërkojeni biftekin në frigorifer dhe më pas e prisni në feta të gjata të holla. Përziejini së bashku të gjithë përbërësit e mbetur dhe marinoni biftekin në përzierje për rreth 6 orë. Ethni biftekun në hell druri të njomur dhe piqeni në skarë për disa minuta derisa të gatuhet sipas dëshirës tuaj, duke e lyer herë pas here me marinadë.

Mish viçi në avull me patate të ëmbla

Shërben 4

450 g/1 lb viçi pa dhjamë, i prerë në feta hollë
15 ml/1 lugë gjelle salcë fasule të zezë
15 ml/1 lugë gjelle salcë fasule të ëmbël
15 ml/1 lugë gjelle salcë soje
5 ml/1 lugë sheqer
2 feta rrënjë xhenxhefili, të grira
2 patate të ëmbla, të prera në kubikë
30 ml/2 lugë gjelle vaj kikiriku (kikiriku).
100 g/4 oz thërrime buke
15 ml/1 lugë gjelle vaj susami
3 qepë (qepëza), të grira hollë

Vendoseni mishin e viçit në një tas me salcat e fasules, salcën e sojës, sheqerin dhe xhenxhefilin dhe lëreni të marinohet për 30 minuta. Hiqeni mishin nga marinada dhe shtoni patatet e ëmbla.

Lëreni të qëndrojë për 20 minuta. Rregulloni patatet në bazën e një avulli të vogël bambuje. Lyejeni mishin e viçit me thërrimet e bukës dhe rregulloni sipër patateve. Mbulojeni dhe ziejini me ujë të vluar për 40 minuta.

Ngrohni vajin e susamit dhe skuqni qepët e pranverës për disa sekonda. Hidhni me lugë mishin dhe shërbejeni.

Fileto viçi

Shërben 4

450 g/1 paund viçi pa dhjamë
45 ml/3 lugë gjelle verë orizi ose sheri të thatë
15 ml/1 lugë gjelle salcë soje
10 ml/2 lugë gjelle salcë goca deti
5 ml/1 lugë sheqer
5 ml/1 lugë miell misri (miseshte misri)
2,5 ml/¬Ω lugë çaji bikarbonat sode (sode buke)
majë kripë
1 thelpi hudhër, e shtypur
30 ml/2 lugë gjelle vaj kikiriku (kikiriku).
2 qepë, të prera hollë

Pritini mishin nëpër kokërr në feta të holla. Përziejini së bashku verën ose sherin, salcën e sojës, salcën e gocave deti, sheqerin, miell misri, bikarbonatin e sodës, kripën dhe hudhrën. Përzieni mishin, mbulojeni dhe vendoseni në frigorifer për të paktën 3 orë. Ngrohni vajin dhe skuqni qepët për rreth 5 minuta derisa të marrin ngjyrë kafe të artë. Transferoni në një pjatë servirje të ngrohur dhe mbajeni të ngrohtë. Shtoni pak nga mishin në wok, duke përhapur fetat që të mos mbivendosen. Skuqini për rreth 3 minuta nga secila anë derisa të marrin ngjyrë kafe më pas vendosni sipër qepëve dhe vazhdoni të skuqni mishin e mbetur.

Dolli me mish viçi

Shërben 4

4 feta viçi pa dhjamë
1 vezë e rrahur
50 g/2 oz/¬Ω filxhan arra, të copëtuara
4 feta buke
vaj për tiganisje të thellë

Rrafshojmë fetat e viçit dhe më pas i lyejmë mirë me vezë. I spërkasim me arra dhe sipër i hedhim një fetë bukë. Ngrohni vajin dhe skuqni mishin dhe fetat e bukës për rreth 2 minuta. Hiqeni nga vaji dhe lëreni të ftohet. Ngroheni vajin dhe skuqeni përsëri derisa të skuqet mirë.

Mish viçi i grirë tofu-chilli

Shërben 4

225 g/8 oz viçi pa dhjamë, i copëtuar

1 e bardhe veze

2,5 ml/¬Ω lugë vaj susami

5 ml/1 lugë miell misri (miseshte misri)

majë kripë

250 ml/8 ml oz/1 filxhan vaj kikiriku (kikiriku).

100 g/4 oz tofu të tharë, të prerë në rripa

5 speca djegës të kuq, të prerë në rripa

15 ml/1 lugë gjelle ujë

1 fetë rrënjë xhenxhefili, e prerë

10 ml/2 lugë salcë soje

Përzieni mishin e viçit me të bardhën e vezës, gjysmën e vajit të susamit, miellin e misrit dhe kripën. Ngrohni vajin dhe skuqeni mishin derisa të jetë gati gati. Hiqeni nga tigani. Shtoni tofu në tigan dhe skuqeni për 2 minuta më pas hiqeni nga tigani. Shtoni specat djegës dhe skuqini për 1 minutë. Kthejeni tofu në tigan me ujë, xhenxhefil dhe salcë soje dhe përzieni mirë. Shtoni mishin e viçit dhe skuqeni derisa të përzihet mirë. Shërbejeni të spërkatur me vajin e mbetur të susamit.

Mish viçi me domate

Shërben 4

30 ml/2 lugë gjelle vaj kikiriku (kikiriku).
3 qepë (qepëza), të prera në copa
225 g/8 oz viçi pa dhjamë, i prerë në rripa
60 ml/4 lugë gjelle lëng viçi
15 ml/1 lugë gjelle miell misri (miseshte misri)
45 ml/3 lugë gjelle ujë
4 domate të grira dhe të grira në katër pjesë

Ngrohni vajin dhe skuqni qepët e freskëta derisa të zbuten. Shtoni mishin e viçit dhe skuqeni derisa të skuqet. Përzieni lëngun, lëreni të vlojë, mbulojeni dhe ziejini për 2 minuta. Përzieni miellin e misrit dhe ujin, përzieni në tigan dhe ziejini duke e trazuar derisa salca të trashet. Përziejini domatet dhe ziejini derisa të nxehen.

Mish viçi i gatuar në të kuqe me rrepë

Shërben 4

450 g/1 paund viçi pa dhjamë

1 fetë rrënjë xhenxhefil, e grirë

1 qepë (krepë), e copëtuar 120 ml/4 floz/¬Ω filxhan verë orizi

ose sheri të thatë

250 ml/8 ml oz/1 filxhan ujë

2 karafil anise

1 rrepë e vogël, e prerë në kubikë

120 ml/4 fl oz/¬Ω filxhan salcë soje

15 ml/1 lugë gjelle sheqer

Vendosni mishin e viçit, xhenxhefilin, qepën, verën ose sherin, ujin dhe anisin në një tigan me bazë të rëndë, lëreni të ziejë, mbulojeni dhe ziejini për 45 minuta. Shtoni rrepën, salcën e sojës dhe sheqerin dhe pak më shumë ujë nëse është e nevojshme, kthejeni zierjen, mbulojeni dhe ziejini edhe për 45 minuta të tjera derisa mishi të zbutet. Lëreni të ftohet. Hiqni mishin dhe rrepën nga salca. Pritini mishin e viçit dhe vendoseni në një pjatë servirjeje me rrepë. Kullojeni salcën dhe shërbejeni të ftohtë.

Mish viçi me perime

Shërben 4

225 g/8 oz viçi pa dhjamë
15 ml/1 lugë gjelle miell misri (miseshte misri)
15 ml/1 lugë gjelle salcë soje
15 ml/1 lugë gjelle verë orizi ose sheri të thatë
2,5 ml/¬Ω lugë sheqer
45 ml/3 lugë gjelle vaj kikiriku (kikiriku).
1 fetë rrënjë xhenxhefili, e prerë
2,5 ml/¬Ω lugë e vogël kripë
100 g/4 oz qepë, të prera në feta
2 kërcell selino, të prera në feta
1 piper i kuq, i prere ne feta
100 g/4 oz fidane bambuje, të prera në feta
100 g/4 oz karota, të prera në feta
120 ml/4 fl oz/¬Ω filxhan lëng viçi

Pritini viçin hollë kundër kokrrës dhe vendoseni në një tas. Përzieni së bashku miellin e misrit, salcën e sojës, verën ose sherin dhe sheqerin, derdhni sipër mishin dhe hidheni të lyhet. Lëreni të qëndrojë për 30 minuta duke e kthyer herë pas here. Ngrohni gjysmën e vajit dhe skuqeni mishin e viçit deri sa të skuqet dhe hiqeni nga tigani. Ngrohni vajin e mbetur, përzieni xhenxhefilin dhe kripën, më pas shtoni perimet dhe skuqini derisa të lyhen me vaj. Përzieni lëngun, lëreni të vlojë, mbulojeni dhe ziejini derisa perimet të jenë të buta, por ende të freskëta. Kthejeni mishin e viçit në tigan dhe përzieni në zjarr të lehtë për rreth 1 minutë që të nxehet.

Mish viçi i zier

Shërben 4

350 g/12 oz fuçi viçi
30 ml/2 lugë sheqer
30 ml/2 lugë gjelle verë orizi ose sheri të thatë
30 ml/2 lugë salcë soje
5 ml/1 lugë çaji kanellë

2 qepë (qepëza), të grira
1 fetë rrënjë xhenxhefili, e prerë
45 ml/3 lugë gjelle vaj susami

Vërini një tenxhere me ujë të ziejë, shtoni mishin, ktheni ujin në valë dhe ziejeni shpejt që mishi të mbyllet. Hiqeni nga tigani. Vendoseni mishin në një tigan të pastër dhe shtoni të gjithë përbërësit e mbetur, duke rezervuar 15 ml/1 lugë gjelle vaj susami. Mbushni tiganin me ujë aq sa të mbulojë mishin, lëreni të vlojë, mbulojeni dhe ziejini lehtë për rreth 1 orë derisa mishi të zbutet. Spërkateni me vajin e mbetur të susamit përpara se ta shërbeni.

Biftek i mbushur

Shërben 4,Äì6

675 g/1¬Ω lb biftek në një copë
60 ml/4 lugë gjelle uthull vere
30 ml/2 lugë sheqer
10 ml/2 lugë salcë soje

2,5 ml/½ lugë e vogël piper i sapo bluar
2,5 ml/½ lugë e vogël karafil të plotë
5 ml/1 lugë çaji kanellë të bluar
1 gjethe dafine, e grimcuar
225 g/8 oz oriz të gatuar me kokërr të gjatë
5 ml/1 lugë majdanoz i freskët i grirë
majë kripë
30 ml/2 lugë gjelle vaj kikiriku (kikiriku).
30 ml/2 lugë sallo
1 qepë, e prerë në feta

Vendosni biftekun në një tas të madh. Në një tigan vendosim uthullën e verës, sheqerin, salcën e sojës, piperin, karafilin, kanellën dhe gjethen e dafinës të vlojnë dhe më pas lërini të ftohet. Hidheni mbi biftekun, mbulojeni dhe lëreni të marinohet në frigorifer gjatë gjithë natës, duke e kthyer herë pas here.

Përzieni orizin, majdanozin, kripën dhe vajin. Kullojeni mishin e viçit dhe shpërndajeni masën mbi biftek, rrotullojeni dhe lidheni mirë me fije. Shkrihet dhjami i yndyrës, shtoni qepën dhe biftekun dhe skuqeni derisa të skuqet nga të gjitha anët. Hidhni ujë të mjaftueshëm për të mbuluar biftekin, mbulojeni dhe zijini për 1½ orë ose derisa mishi të zbutet.

Dumplings viçi

Shërben 4

450 g/1 lb miell i thjeshtë (për përdorime).

1 qese maja e lehtë përzierëse

10 ml/2 lugë sheqer pluhur

5 ml/1 lugë kripë

300 ml/¬Ω pt/1¬° filxhanë qumësht ose ujë të ngrohtë

30 ml/2 lugë gjelle vaj kikiriku (kikiriku).

225 g/8 oz viçi i grirë (i bluar).

1 qepë, e grirë

2 copë xhenxhefil me rrënjë, të copëtuara

50 g/2 oz shqeme, të copëtuara

2,5 ml/¬Ω lugë e vogël pluhur me pesë erëza

15 ml/1 lugë gjelle salcë soje

30 ml/2 lugë gjelle salcë hoisin

2,5 ml/¬Ω lugë gjelle uthull vere

15 ml/1 lugë gjelle miell misri (miseshte misri)

45 ml/3 lugë gjelle ujë

Përziejmë miellin, majanë, sheqerin, kripën dhe qumështin ose ujin e ngrohtë dhe e përziejmë në një brumë të butë. Mbulojeni dhe lëreni në një vend të ngrohtë për 45 minuta. Ngrohni vajin dhe skuqni mishin derisa të skuqet lehtë. Shtoni qepën, xhenxhefilin, shqemet, pluhurin me pesë erëza, salcën e sojës, salcën hoisin dhe uthullën e verës dhe lërini të vlojnë. Përzieni miellin e misrit dhe ujin, përzieni në salcë dhe ziejini për 2 minuta. Lëreni të ftohet. Formoni brumin në 16 topa. Shtypeni, hidhni me lugë pak mbushje në secilën prej tyre dhe mbyllni brumin rreth mbushjes. Vendoseni në një kosh me avull në një wok ose tigan, mbulojeni dhe ziejini me ujë të kripur për rreth 30 minuta.

Qofte krokante

Shërben 4

225 g/8 oz viçi i grirë (i bluar).
100 g/4 oz gështenja uji, të grira
2 vezë, të rrahura
5 ml/1 lugë e vogël lëkure portokalli të grirë
5 ml/1 lugë gjelle rrënjë xhenxhefili të grirë
5 ml/1 lugë kripë
15 ml/1 lugë gjelle miell misri (miseshte misri)
225 g/8 oz/2 gota miell të thjeshtë (për të gjitha qëllimet).
5 ml/1 lugë lugë pluhur pjekjeje
300 ml/¬Ω pt/1¬Ω gota ujë
15 ml/1 lugë gjelle vaj kikiriku (kikiriku).
vaj për tiganisje të thellë

Përzieni së bashku mishin e viçit, gështenjat e ujit, 1 vezë, lëkurën e portokallit, xhenxhefilin, kripën dhe miellin e misrit. Formoni në topa të vegjël. Vendosini në një enë në një avullore mbi ujë të vluar dhe ziejini me avull për rreth 20 minuta derisa të gatuhet. Lëreni të ftohet.

Përzieni miellin, pluhurin për pjekje, vezën e mbetur, ujin dhe vajin e kikirikut në një masë të trashë. Zhytni qoftet në brumë. Ngroheni vajin dhe skuqni qoftet deri në kafe të artë.

Mish viçi i grirë me arra shqeme

Shërben 4

450 g/1 lb viçi i grirë (i bluar).

¬Ω e bardha e vezës

5 ml/1 lugë gjelle salcë goca deti

5 ml/1 lugë salcë soje e lehtë

disa pika vaj susami

25 g/1 oz majdanoz i freskët, i grirë

45 ml/3 lugë gjelle vaj kikiriku (kikiriku).

25 g/1 oz/¬° filxhan arra shqeme, të copëtuara

15 ml/1 lugë gjelle lëng viçi

4 gjethe të mëdha marule

Përzieni mishin e viçit me të bardhën e vezës, salcën e gocave, salcën e sojës, vajin e susamit dhe majdanozin dhe lëreni të qëndrojë. Ngrohni gjysmën e vajit dhe skuqni arrat shqeme derisa të marrin një ngjyrë kafe të lehtë dhe më pas i hiqni nga tigani. Ngrohni vajin e mbetur dhe skuqeni përzierjen e mishit derisa të skuqet. Shtoni lëngun dhe vazhdoni të skuqeni derisa të avullojë pothuajse i gjithë lëngu. Vendosni gjethet e marules në një pjatë servirjeje të ngrohur dhe mishin me lugë. Shërbejeni të spërkatur me arra shqeme të skuqura

Mish viçi në salcë të kuqe

Shërben 4

60 ml/4 lugë gjelle vaj kikiriku (kikiriku).
450 g/1 lb viçi i grirë (i bluar).
1 qepë, e grirë
1 piper i kuq, i grire
1 spec jeshil, i grire
2 feta ananasi, të prera
45 ml/3 lugë salcë soje
45 ml/3 lugë gjelle verë e bardhë e thatë
30 ml/2 lugë gjelle uthull vere
30 ml/2 lugë mjaltë
300 ml/¬Ω pt/1¬° filxhan lëng viçi
kripë dhe piper i sapo bluar
disa pika vaj speci

Ngrohni vajin dhe skuqni mishin derisa të skuqet lehtë. Shtoni perimet dhe ananasin dhe skuqini për 3 minuta. Shtoni salcën e sojës, verën, uthullën e verës, mjaltin dhe lëngun. Lëreni të vlojë, mbulojeni dhe ziejini për 30 minuta derisa të gatuhet. I rregullojmë sipas shijes me kripë, piper dhe vaj djegës.

Topa viçi me oriz ngjitës

Shërben 4

225 g/8 oz oriz ngjitës
450 g/1 lb viçi pa dhjamë, i grirë (i bluar)
1 fetë rrënjë xhenxhefil, e grirë
1 qepë e vogël, e grirë
1 vezë e rrahur lehtë
15 ml/1 lugë gjelle salcë soje
2,5 ml/¬Ω lugë e vogël miell misri (miseshte misri)
2,5 ml/¬Ω lugë sheqer
2,5 ml/ Ω lugë e vogël kripë
5 ml/1 lugë çaji verë orizi ose sheri të thatë

Lyejeni orizin për 30 minuta më pas kullojeni dhe vendoseni në një pjatë. Përzieni së bashku mishin e viçit, xhenxhefilin, qepën, vezën, salcën e sojës, miellin e misrit, sheqerin, kripën dhe verën ose sherin. Formoni topa me madhësi arre. Rrotulloni qoftet në oriz për t'i lyer plotësisht dhe më pas i rregulloni në një enë të cekët kundër furrës me hapësira ndërmjet tyre. Ziejini me avull në një raft mbi ujë të zier lehtë për 30 minuta. Shërbejeni me salcë soje dhe mustardë kineze.

Qofte me salcë të ëmbël dhe të thartë

Shërben 4

450 g/1 lb viçi i grirë (i bluar).
1 qepë, e grirë hollë
25 g/1 oz gështenja uji, të prera imët
15 ml/1 lugë gjelle salcë soje
15 ml/1 lugë gjelle verë orizi ose sheri të thatë
1 vezë e rrahur
100 g/4 oz/¬Ω filxhan miell misri (miseshte misri)
vaj për tiganisje të thellë

Për salcën:

15 ml/1 lugë gjelle vaj kikiriku (kikiriku).
1 spec jeshil, i prerë në kubikë
100 g/4 oz copa ananasi në shurup
100 g/4 oz turshi të ëmbla të përziera kineze
100 g/4 oz/¬Ω filxhan sheqer kaf
120 ml/4 fl oz/¬Ω filxhan lëng pule

60 ml/4 lugë gjelle uthull vere
15 ml/1 lugë domate purë (pastë)
15 ml/1 lugë gjelle miell misri (miseshte misri)
15 ml/1 lugë gjelle salcë soje
kripë dhe piper i sapo bluar
45 ml/3 lugë arrë kokosi të grirë

Përzieni së bashku mishin e viçit, qepën, gështenjat e ujit, salcën e sojës dhe verën ose sherin. Formoni toptha të vegjël dhe rrokullisni në vezë të rrahur më pas në miell misri. Skuqini në vaj të nxehtë për disa minuta derisa të marrin ngjyrë. Transferojini në një pjatë servirjeje të ngrohur dhe mbajini të ngrohta.

Ndërkohë ngrohni vajin dhe skuqni specin për 2 minuta. Shtoni 30 ml/2 lugë shurup ananasi, 15 ml/1 lugë uthull turshi, sheqerin, lëngun, uthullën e verës, purulën e domates, miellin e misrit dhe salcën e sojës. E trazojmë mirë, e lëmë të vlojë dhe e kaurdisim derisa masa të pastrohet dhe të trashet. Kullojmë ananasin dhe turshitë e mbetura dhe i shtojmë në tigan. Ziejini, duke e trazuar, për 2 minuta. Hidhni sipër qofteve dhe shërbejeni të spërkatur me kokos.

Puding me mish të zier në avull

Shërben 4

6 kërpudha të thata kineze
225 g/8 oz viçi i grirë (i bluar).
225 g/8 oz mish derri të grirë (i bluar).
1 qepë e prerë në kubikë
20 ml/2 lugë çatni mango
30 ml/2 lugë gjelle salcë hoisin
30 ml/2 lugë salcë soje
5 ml/1 lugë çaji pluhur me pesë erëza
1 thelpi hudhër, e shtypur
5 ml/1 lugë kripë
1 vezë e rrahur
45 ml/3 lugë miell misri (miell misri)
60 ml/4 lugë gjelle qiqra të grira
10 gjethe lakre
300 ml/¬Ω pt/1¬° filxhan lëng viçi

Thithni kërpudhat në ujë të ngrohtë për 30 minuta dhe më pas kullojini. Hidhni kapakët dhe copëtoni kapakët. Përziejini me mishin e grirë, qepën, chutney-n, salcën hoisin, salcën e sojës, pluhurin me pesë erëza dhe hudhrat dhe i rregulloni me kripë. Shtoni vezën dhe miellin e misrit dhe përzieni qiqrat. Rreshtoni koshin e avullit me gjethet e lakrës. Formoni mishin e grirë në formë keku dhe vendoseni mbi gjethe. Mbulojeni dhe ziejini me avull mbi lëngun e mishit të zier lehtë për 30 minuta.

Mish viçi i grirë në avull

Shërben 4

450 g/1 lb viçi i grirë (i bluar).
2 qepë, të grira hollë
100 g/4 oz gështenja uji, imët
i copëtuar
60 ml/4 lugë salcë soje
60 ml/4 lugë gjelle verë orizi ose sheri të thatë
kripë dhe piper i sapo bluar

Përziejini së bashku të gjithë përbërësit, duke erëza sipas shijes me kripë dhe piper. Shtypeni në një tas të vogël rezistent ndaj nxehtësisë dhe vendoseni në një tenxhere me avull mbi ujë të zier. Mbulojeni dhe ziejini në avull për rreth 20 minuta derisa mishi të jetë gatuar dhe gjella të ketë krijuar salcën e saj të shijshme.

I grirë i skuqur me salcë perle

Shërben 4

30 ml/2 lugë gjelle vaj kikiriku (kikiriku).
2 thelpinj hudhre, te shtypura
225 g/8 oz viçi i grirë (i bluar).
1 qepë, e grirë
50 g/2 oz gështenja me ujë, të copëtuara
50 g/2 oz fidane bambuje, të copëtuara
15 ml/1 lugë gjelle salcë soje
30 ml/2 lugë gjelle verë orizi ose sheri të thatë
15 ml/1 lugë gjelle salcë gocë deti

Ngroheni vajin dhe skuqni hudhrën derisa të skuqet lehtë. Shtoni mishin dhe përzieni derisa të marrë ngjyrë kafe nga të gjitha anët. Shtoni qepën, gështenjat e ujit dhe fidanet e bambusë dhe skuqini për 2 minuta. Përzieni salcën e sojës dhe verën ose sherin, mbulojeni dhe ziejini për 4 minuta.

Rolls viçi

Shërben 4

350 g/12 oz viçi i grirë (i bluar).
1 vezë e rrahur
5 ml/1 lugë miell misri (miseshte misri)
5 ml/1 lugë vaj kikiriku (kikiriku).
kripë dhe piper i sapo bluar
4 qepë (qepë), të grira
8 mbështjellës roll me vaj për skuqje të thellë

Përziejmë mishin e viçit, vezën, miellin e misrit, vajin, kripën, piperin dhe qepët. Lëreni të qëndrojë për 1 orë. Vendosni lugë nga përzierja në çdo mbështjellës, palosni bazën, palosni në anët dhe më pas rrotulloni mbështjellësit, duke mbyllur skajet me pak ujë. Ngrohni vajin dhe skuqini roletat derisa të marrin ngjyrë kafe të artë dhe të gatuhen. Kullojini mirë përpara se ta shërbeni.

Topa me mish viçi dhe spinaq

Shërben 4

450 g/1 lb viçi i grirë (i bluar).
1 vezë
100 g/4 oz thërrime buke
60 ml/4 lugë gjelle ujë
15 ml/1 lugë gjelle miell misri (miseshte misri)
2,5 ml/¬Ω lugë e vogël kripë
15 ml/1 lugë gjelle verë orizi ose sheri të thatë
30 ml/2 lugë gjelle vaj kikiriku (kikiriku).
45 ml/3 lugë salcë soje
120 ml/4 fl oz/¬Ω filxhan lëng viçi
350 g/12 oz spinaq, i grirë

Përzieni viçin, vezën, thërrimet e bukës, ujin, miellin e misrit, kripën dhe verën ose sherin. Formoni topa me madhësi arre. Ngroheni vajin dhe skuqni qoftet derisa të marrin ngjyrë kafe nga të gjitha anët. Hiqeni nga tigani dhe kulloni vajin e tepërt. Shtoni salcën e sojës dhe lëngun në tigan dhe ktheni qoftet. Lëreni të vlojë, mbulojeni dhe ziejini për 30 minuta, duke e kthyer herë pas here. Ziejeni spinaqin në një tigan të veçantë derisa të zbutet, më pas futeni në viç dhe ngroheni.

Mish viçi i skuqur me tofu

Shërben 4

20 ml/4 lugë miell misri (miseshte misri)
10 ml/2 lugë salcë soje
10 ml/2 lugë çaji verë orizi ose sheri të thatë
225 g/8 oz viçi i grirë (i bluar).
2,5 ml/¬Ω lugë sheqer
30 ml/2 lugë gjelle vaj kikiriku (kikiriku).
2,5 ml/¬Ω lugë e vogël kripë
1 thelpi hudhër, e shtypur
120 ml/4 fl oz/¬Ω filxhan lëng viçi
225 g/8 oz tofu, në kubikë
2 qepë (qepëza), të grira
majë piper i sapo bluar

Përzieni gjysmën e miellit të misrit, gjysmën e salcës së sojës dhe gjysmën e verës ose sherit. Shtoni te mishi i viçit dhe përzieni mirë. Ngrohni vajin dhe skuqni kripën dhe hudhrën për disa sekonda. Shtoni mishin e viçit dhe skuqeni derisa të skuqet. Përzieni lëngun dhe lëreni të vlojë. Shtoni tofu, mbulojeni dhe ziejini për 2 minuta. Përziejmë pjesën e mbetur të miellit të misrit, salcën e sojës dhe verën ose sherin, i shtojmë në tigan dhe i ziejmë duke i trazuar derisa të trashet salca.

Qengji me Asparagus

Shërben 4

350 g/12 oz shparg
450 g/1 lb mish qengji pa dhjamë
45 ml/3 lugë gjelle vaj kikiriku (kikiriku).
kripë dhe piper i sapo bluar
2 thelpinj hudhre, te shtypura
250 ml/8 ml ons/1 filxhan lëng
1 domate, e qeruar dhe e prerë në copa
15 ml/1 lugë gjelle miell misri (miseshte misri)
45 ml/3 lugë gjelle ujë
15 ml/1 lugë gjelle salcë soje

Pritini shpargujt në copa diagonale dhe vendosini në një tas. Hidhni mbi ujë të vluar dhe lëreni të qëndrojë për 2 minuta më pas kullojeni. Pritini qengjin në feta hollë kundër kokrrës. Ngrohni vajin dhe skuqeni qengjin derisa të marrë një ngjyrë të lehtë. Shtoni kripën, piperin dhe hudhrën dhe skuqini për 5 minuta. Shtoni shpargujt, lëngun dhe domatet, lërini të vlojnë, mbulojeni dhe ziejini për 2 minuta. Përzieni miellin e misrit, ujin dhe salcën e sojës në një pastë, përzieni në tigan dhe ziejini, duke e trazuar, derisa salca të pastrohet dhe të trashet.

Qengji i pjekur në skarë

Shërben 4

450 g/1 lb mish qengji pa dhjamë, i prerë në rripa
120 ml/4 fl oz/¬Ω filxhan salcë soje
120 ml/4 fl oz/¬Ω filxhan verë orizi ose sheri të thatë
1 thelpi hudhër, e shtypur
3 qepë (qepëza), të grira
5 ml/1 lugë vaj susami
kripë dhe piper i sapo bluar

Vendoseni qengjin në një tas. Përziejini së bashku përbërësit e mbetur, hidhini sipër mishin e qengjit dhe lërini të marinohen për 1 orë. Piqeni në skarë (zieni) mbi thëngjij të nxehtë derisa qengji të jetë gatuar, duke e lyer me salcë, sipas nevojës.

Qengji me bishtaja

Shërben 4

450 g/1 lb fasule jeshile, të prera në shirita julienne
45 ml/3 lugë gjelle vaj kikiriku (kikiriku).
450 g/1 lb mish qengji pa dhjamë, i prerë në feta hollë
250 ml/8 ml ons/1 filxhan lëng
5 ml/1 lugë kripë
2,5 ml/¬Ω lugë e vogël piper i sapo bluar
15 ml/1 lugë gjelle miell misri (miseshte misri)
5 ml/1 lugë salcë soje
75 ml/5 lugë gjelle ujë

Ziejini fasulet në ujë të vluar për 3 minuta dhe më pas kullojini mirë. Ngroheni vajin dhe skuqeni mishin derisa të skuqet lehtë nga të gjitha anët. Shtoni lëngun, lëreni të vlojë, mbulojeni dhe ziejini për 5 minuta. Shtoni fasulet, kripën dhe piperin, mbulojeni dhe ziejini për 4 minuta derisa mishi të piqet. Përzieni miellin e misrit, salcën e sojës dhe ujin në një pastë, përzieni në tigan dhe ziejini, duke e trazuar, derisa salca të pastrohet dhe të trashet.

Qengj i zier

Shërben 4

450 g/1 lb shpatulla e qengjit me kocka, të prera në kubikë
15 ml/1 lugë gjelle vaj kikiriku (kikiriku).
4 qepë (qepëza), të prera në feta
10 ml/2 lugë gjelle rrënjë xhenxhefili të grirë
200 ml/½ pt/1° filxhanë lëng pule
30 ml/2 lugë sheqer
30 ml/2 lugë salcë soje
15 ml/1 lugë gjelle salcë hoisin
15 ml/1 lugë gjelle verë orizi ose sheri të thatë
5 ml/1 lugë vaj susami

Zbardhni qengjin në ujë të vluar për 5 minuta dhe më pas kullojeni. Ngrohni vajin dhe skuqeni qengjin për rreth 5 minuta derisa të skuqet. E heqim nga tava dhe e kullojmë në letër kuzhine. Hiqni të gjitha, përveç 15 ml/1 lugë gjelle vaj nga tigani. Ngroheni vajin dhe skuqni qepët dhe xhenxhefilin për 2 minuta. Kthejeni mishin në tigan me përbërësit e mbetur. Lëreni të vlojë, mbulojeni dhe ziejini lehtë për 1½ orë derisa mishi të zbutet.

Qengji me brokoli

Shërben 4

75 ml/5 lugë gjelle vaj kikiriku (kikiriku).
1 thelpi hudhër, e shtypur
450 g/1 lb mish qengji, të prerë në rripa
450 g/1 paund lule brokoli
250 ml/8 ml ons/1 filxhan lëng
5 ml/1 lugë kripë
2,5 ml/¬Ω lugë e vogël piper i sapo bluar
30 ml/2 lugë gjelle miell misri (miseshte misri)
75 ml/5 lugë gjelle ujë
5 ml/1 lugë salcë soje

Ngrohni vajin dhe skuqni hudhrën dhe qengjin derisa të gatuhen. Shtoni brokolin dhe lëngun, lëreni të ziejë, mbulojeni dhe ziejini për rreth 15 minuta derisa brokoli të zbutet. I rregullojmë me kripë dhe piper. Përzieni miellin e misrit, ujin dhe salcën e sojës në një pastë, përzieni në tigan dhe ziejini, duke e trazuar, derisa salca të pastrohet dhe të trashet.

Qengji me Gështenja Uji

Shërben 4

350 g/12 oz qengji pa dhjamë, i prerë në copa

15 ml/1 lugë gjelle vaj kikiriku (kikiriku).

2 qepë (qepëza), të prera në feta

2 feta rrënjë xhenxhefili, të prera

2 speca djegës të kuq, të grira

600 ml/1 pt/2¬Ω gota ujë

100 g/4 oz rrepë, e prerë në kubikë

1 karotë të prerë në kubikë

1 shkop kanellë

2 karafil anise

2,5 ml/¬Ω lugë sheqer

15 ml/1 lugë gjelle salcë soje

15 ml/1 lugë gjelle verë orizi ose sheri të thatë

100 g/4 oz gështenja uji

15 ml/1 lugë gjelle miell misri (miseshte misri)

45 ml/3 lugë gjelle ujë

Zbardhni qengjin në ujë të vluar për 2 minuta dhe më pas kullojeni. Ngrohni vajin dhe skuqni qepët e pranverës, xhenxhefilin dhe specat djegës për 30 sekonda. Shtoni mishin e qengjit dhe skuqeni derisa të mbulohen mirë me erëzat. Shtoni përbërësit e mbetur përveç gështenjave të ujit, miell misri dhe ujin, lërini të vlojnë, mbulojeni pjesërisht dhe ziejini për rreth 1 orë derisa qengji të zbutet. Kontrolloni herë pas here dhe mbusheni me ujë të valë nëse është e nevojshme. Hiqni kanellën dhe aniseun, shtoni gështenjat e ujit dhe ziejini të pambuluara për rreth 5 minuta. Përzieni miellin e misrit dhe ujin në një masë dhe përzieni pak në salcë. Ziejini duke e trazuar derisa salca të trashet. Mund të mos keni nevojë për të gjithë pastën e miellit të misrit nëse e keni lënë salcën të pakësohet gjatë gatimit.

Qengji me lakër

Shërben 4

45 ml/3 lugë gjelle vaj kikiriku (kikiriku).
450 g/1 lb mish qengji, i prerë në feta hollë
kripë dhe piper i zi i sapo bluar
1 thelpi hudhër, e shtypur
450 g/1 lb lakër kineze, e grirë
lëng filxhan 120 ml/4 fl oz/¬Ω
15 ml/1 lugë gjelle miell misri (miseshte misri)

15 ml/1 lugë gjelle salcë soje
60 ml/4 lugë gjelle ujë

Ngroheni vajin dhe skuqni mishin e qengjit, kripën, piperin dhe hudhrën derisa të skuqen lehtë. Shtoni lakrën dhe përzieni derisa të lyhet me vaj. Shtoni lëngun, lëreni të vlojë, mbulojeni dhe ziejini për 10 minuta. Përzieni miellin e misrit, salcën e sojës dhe ujin në një masë paste, përzieni në tigan dhe ziejini, duke e trazuar, derisa salca të pastrohet dhe të trashet.

Lamb Chow Mein

Shërben 4

450 g/1 paund petë me vezë
45 ml/3 lugë gjelle vaj kikiriku (kikiriku).
450 g/1 lb qengji, i prerë në feta
1 qepë, e prerë në feta
1 zemër selino, e prerë në feta
100 g/4 oz kërpudha
100 g/4 oz lakër fasule

20 ml/2 lugë miell misri (miseshte misri)
175 ml/6 fl oz/¬œ filxhan ujë
kripë dhe piper i sapo bluar

Gatuani petët në ujë të vluar për rreth 8 minuta dhe më pas kullojini. Ngrohni vajin dhe skuqeni qengjin derisa të skuqet lehtë. Shtoni qepën, selinon, kërpudhat dhe lakër fasule dhe

përzieni për 5 minuta. Përzieni së bashku miellin e misrit dhe ujin, derdhni në tigan dhe lëreni të vlojnë. Ziejini duke e trazuar derisa salca të trashet. Hidhni sipër petët dhe shërbejini menjëherë.

Kerri i Qengjit

Shërben 4

30 ml/2 lugë gjelle vaj kikiriku (kikiriku).
2 thelpinj hudhre, te shtypura
1 fetë rrënjë xhenxhefil, e grirë
450 g/1 lb qengji pa dhjamë, i prerë në kubikë
100 g/4 oz patate, të prera në kubikë

2 karota, të prera në kubikë
15 ml/1 lugë gjelle pluhur kerri
250 ml/8 ml oz/1 filxhan lëng pule
100 g/4 oz kërpudha, të prera në feta
1 piper jeshil i prere ne kubik
50 g/2 oz gështenja me ujë, të prera në feta

Ngrohni vajin dhe skuqni hudhrën dhe xhenxhefilin derisa të marrin një ngjyrë kafe të lehtë. Shtoni mishin e qengjit dhe skuqeni për 5 minuta. Shtoni patatet dhe karotat dhe skuqini për 3 minuta. Shtoni pluhurin e kerit dhe skuqeni për 1 minutë. Përzieni lëngun, lëreni të vlojë, mbulojeni dhe ziejini për rreth 25 minuta. Shtoni kërpudhat, piperin dhe gështenjat me ujë dhe ziejini për 5 minuta. Nëse preferoni një salcë më të trashë, ziejini për disa minuta që të pakësohet salca ose trashet me 15 ml/1 lugë miell misri të përzier me pak ujë.

Qengj aromatik

Shërben 4

30 ml/2 lugë gjelle vaj kikiriku (kikiriku).
450 g/1 lb qengji pa dhjamë, i prerë në kubikë
2 qepë (qepëza), të grira
1 thelpi hudhër, e shtypur
1 fetë rrënjë xhenxhefil, e grirë
120 ml/4 fl oz/¬Ω filxhan salcë soje
15 ml/1 lugë gjelle verë orizi ose sheri të thatë
15 ml/1 lugë gjelle sheqer kaf
2,5 ml/¬Ω lugë e vogël kripë
piper i sapo bluar
300 ml/¬Ω pt/1¬° gota ujë

Ngroheni vajin dhe skuqni qengjin derisa të skuqet lehtë. Shtoni qepët, hudhrat dhe xhenxhefilin dhe skuqini për 2 minuta. Shtoni salcën e sojës, verën ose sherin, sheqerin dhe kripën dhe i rregulloni me piper sipas dëshirës. Përziejini mirë përbërësit së bashku. Shtoni ujin, lëreni të vlojë, mbulojeni dhe ziejini për 2 orë.

Kube qengji të pjekur në skarë

Shërben 4

120 ml/4 fl oz/½ filxhan vaj kikiriku (kikiriku).

60 ml/4 lugë gjelle uthull vere

2 thelpinj hudhre, te shtypura

15 ml/1 lugë gjelle salcë soje

5 ml/1 lugë kripë

2,5 ml/½ lugë e vogël piper i sapo bluar

2,5 ml/½ lugë gjelle rigon

450 g/1 lb qengji pa dhjamë, i prerë në kubikë

Përziejini të gjithë përbërësit, mbulojeni dhe lëreni të marinohen gjatë gjithë natës. Kullojeni. Vendoseni mishin në një raft për grill (broiler) dhe grijeni (ziej) për rreth 15 minuta, duke e kthyer disa herë, derisa qengji të zbutet dhe të skuqet lehtë.

Qengji me Mangetout

Shërben 4

2 thelpinj hudhre, te shtypura
2,5 ml/¬Ω lugë e vogël kripë
450 g/1 lb mish qengji, të prerë në kubikë
30 ml/ 2 lugë gjelle miell misri (miseshte misri)
30 ml/2 lugë gjelle vaj kikiriku (kikiriku).
450 g/1 lb mangeout (bizele bore), të prera në 4
250 ml/8 ml oz/1 filxhan lëng pule
10 ml/2 lugë e vogël lëkure limoni të grirë
30 ml/2 lugë mjaltë
30 ml/2 lugë salcë soje
5 ml/1 lugë e vogël koriandër të bluar
5 ml/1 lugë fara qimnon, të bluara
30 ml/2 lugë domate pur√©e (pastë)
30 ml/2 lugë gjelle uthull vere

Përziejmë hudhrën dhe kripën dhe i hedhim me qengjin. Lyejeni qengjin me miell misri. Ngrohni vajin dhe skuqeni qengjin derisa të gatuhet. Shtoni mangetout dhe skuqeni për 2 minuta. Përzieni miellin e misrit të mbetur me lëngun dhe hidheni në tepsi me përbërësit e mbetur. Lërini të vlojnë duke e trazuar dhe më pas ziejini për 3 minuta.

Qengji i marinuar

Shërben 4

450 g/1 lb mish qengji pa dhjamë
2 thelpinj hudhre, te shtypura
5 ml/1 lugë kripë
120 ml/4 fl oz/¬Ω filxhan salcë soje
5 ml/1 lugë kripë selino
vaj për tiganisje të thellë

Vendoseni qengjin në një tenxhere dhe thjesht mbulojeni me ujë të ftohtë. Shtoni hudhrën dhe kripën, lërini të ziejnë, mbulojeni dhe ziejini për 1 orë derisa qengji të gatuhet. E heqim nga tava dhe e kullojmë. Vendoseni qengjin në një tas, shtoni salcën e sojës dhe spërkatni me kripë selino. Mbulojeni dhe lëreni të marinohet për 2 orë ose gjatë gjithë natës. Pritini qengjin në copa të vogla. Ngrohni vajin dhe skuqeni thellë qengjin derisa të bëhet i brishtë. Kullojini mirë përpara se ta shërbeni.

Qengji me kërpudha

Shërben 4

45 ml/3 lugë gjelle vaj kikiriku (kikiriku).
350 g/12 oz kërpudha, të prera në feta
100 g/4 oz fidane bambuje, të prera në feta
3 feta rrënjë xhenxhefili, të prera
450 g/1 lb mish qengji, i prerë në feta hollë
250 ml/8 ml ons/1 filxhan lëng
15 ml/1 lugë gjelle miell misri (miseshte misri)
15 ml/1 lugë gjelle salcë soje
60 ml/4 lugë gjelle ujë

Ngrohni vajin dhe skuqni kërpudhat, lastarët e bambusë dhe xhenxhefilin për 3 minuta. Shtoni mishin e qengjit dhe skuqeni derisa të skuqet lehtë. Shtoni lëngun, lëreni të vlojë, mbulojeni dhe ziejini për rreth 30 minuta derisa mishi i qengjit të gatuhet dhe salca të jetë pakësuar përgjysmë. Përzieni së bashku miellin e misrit, salcën e sojës dhe ujin, përzieni në tigan dhe ziejini duke e trazuar derisa salca të pastrohet dhe të trashet.

Mish qengji me salcë perle

Shërben 4

30 ml/2 lugë gjelle vaj kikiriku (kikiriku).
1 thelpi hudhër, e shtypur
1 fetë xhenxhefil, të prerë imët
450 g/1 lb pa dhjamë, i prerë në feta
250 ml/8 ml ons/1 filxhan lëng
30 ml/2 lugë gjelle salcë gocë deti
15 ml/1 lugë gjelle verë oriz ose sheri
5 ml/1 lugë sheqer

Ngroheni vajin me hudhrën dhe xhenxhefilin dhe skuqeni derisa të marrin një ngjyrë kafe të lehtë. Shtoni mishin e qengjit dhe skuqeni për rreth 3 minuta derisa të skuqet lehtë. Shtoni lëngun, salcën e gocave, verën ose sherin dhe sheqerin, lërini të ziejnë duke e trazuar, më pas mbulojeni dhe ziejini për rreth 30 minuta, duke i përzier herë pas here, derisa qengji të gatuhet. Hiqeni kapakun dhe vazhdoni të gatuani duke e trazuar për rreth 4 minuta derisa salca të jetë pakësuar dhe trashur.

Qengji i gatuar në të kuqe

Shërben 4

30 ml/2 lugë gjelle vaj kikiriku (kikiriku).
450 g/1 lb bërxolla qengji
250 ml/8 ml oz/1 filxhan lëng pule
1 qepë, e prerë në copa
120 ml/4 fl oz/¬Ω filxhan salcë soje
5 ml/1 lugë kripë
1 fetë rrënjë xhenxhefili, e prerë

Ngrohni vajin dhe skuqni bërxollat derisa të marrin ngjyrë kafe nga të dyja anët. Shtoni përbërësit e mbetur, lërini të vlojnë, mbulojeni dhe ziejini për rreth 1¬Ω orë derisa qengji të zbutet dhe salca të jetë pakësuar.

Qengji me qepë të pranverës

Shërben 4

350 g/12 oz qengji pa dhjamë, i prerë në kubikë
30 ml/2 lugë salcë soje
30 ml/2 lugë gjelle verë orizi ose sheri të thatë
30 ml/2 lugë gjelle vaj kikiriku (kikiriku).
2 thelpinj hudhre, te shtypura
8 qepë (qepëza), të prera në feta të trasha

Vendoseni qengjin në një tas. Përzieni 15 ml/1 lugë gjelle salcë soje, 15 ml/1 lugë verë ose sheri dhe 15 ml/1 lugë gjelle vaj dhe përzieni në mish qengji. Lëreni të marinohet për 30 minuta. Ngrohni vajin e mbetur dhe skuqni hudhrën derisa të skuqet lehtë. Kulloni mishin, shtoni në tigan dhe skuqeni për 3 minuta. Shtoni qepët e freskëta dhe skuqini për 2 minuta. Shtoni marinadën dhe salcën e mbetur të sojës dhe verën ose sherin dhe skuqeni për 3 minuta.

Biftekët e butë të qengjit

Shërben 4

450 g/1 lb mish qengji pa dhjamë
15 ml/1 lugë gjelle salcë soje
10 ml/2 lugë çaji verë orizi ose sheri të thatë
2,5 ml/¬Ω lugë e vogël kripë
1 qepë e vogël, e grirë
45 ml/3 lugë gjelle vaj kikiriku (kikiriku).

Pritini qengjin në feta hollë kundër kokrrës dhe vendoseni në një enë. Përziejmë së bashku salcën e sojës, verën ose sherin, kripën dhe vajin, e hedhim sipër mishin e qengjit, e mbulojmë dhe e marinojmë për 1 orë. Kullojini mirë. Ngrohni vajin dhe skuqni qengjin për rreth 2 minuta derisa të zbutet.

Zierja e qengjit

Shërben 4

45 ml/3 lugë gjelle vaj kikiriku (kikiriku).
2 thelpinj hudhre, te shtypura
5 ml/1 lugë salcë soje
450 g/1 lb qengji pa dhjamë, i prerë në kubikë
piper i sapo bluar
30 ml/2 lugë gjelle miell i thjeshtë (për të gjitha përdorimet).
300 ml/¬Ω pt/1¬° gota ujë
15 ml/1 lugë domate pur√©e (pastë)
1 gjethe dafine
100 g/4 oz kërpudha, të përgjysmuara
3 karota, të prera në katër pjesë
6 qepë të vogla, të prera në katër pjesë
15 ml/1 lugë gjelle sheqer
1 kërcell selino, të prerë në feta
3 patate, të prera në kubikë
15 ml/1 lugë gjelle verë orizi ose sheri të thatë
50 g/2 oz bizele
15 ml/1 lugë majdanoz i freskët i grirë

Ngrohni gjysmën e vajit. Hidhni hudhrën dhe salcën e sojës me mishin e qengjit dhe e rregulloni me piper. Skuqini mishin derisa të skuqet lehtë. I spërkasim me miell dhe i gatuajmë duke e trazuar derisa të përthithet mielli. Shtoni ujin, purë e domaten dhe gjethen e dafinës, lërini të vlojnë, mbulojeni dhe ziejini për 30 minuta. Ngrohni vajin e mbetur dhe skuqni kërpudhat për 3 minuta më pas i hiqni nga tigani. Shtoni karotat dhe qepët në tigan dhe skuqini për 2 minuta. Spërkateni me sheqer dhe ngrohni derisa perimet të shkëlqejnë. Shtoni kërpudhat, karotat, qepët, selinon dhe patatet në zierje, mbulojeni përsëri dhe ziejini për 1 orë të tjera. Shtoni verën ose sherin, bizelet dhe majdanozin, mbulojeni dhe ziejini edhe për 30 minuta të tjera.

Qengji i skuqur

Shërben 4

350 g/12 oz qengji pa dhjamë, i prerë në rripa
1 fetë rrënjë xhenxhefil, e prerë imët
3 vezë, të rrahura
45 ml/3 lugë gjelle vaj kikiriku (kikiriku).
2,5 ml/¬Ω lugë e vogël kripë
5 ml/1 lugë çaji verë orizi ose sheri të thatë

Përzieni së bashku qengjin, xhenxhefilin dhe vezët. Ngrohni vajin dhe skuqeni përzierjen e qengjit për 2 minuta. Përzieni kripën dhe verën ose sherin dhe skuqeni për 2 minuta.

Qengji dhe perime

Shërben 4

225 g/8 oz qengji pa dhjamë, i prerë në feta
100 g/4 oz fidane bambuje, të prera në feta
100 g/4 oz gështenja uji, të prera në feta
100 g/4 oz kërpudha, të prera në feta
30 ml/2 lugë gjelle vaj kikiriku (kikiriku).
30 ml/2 lugë salcë soje
30 ml/2 lugë gjelle verë orizi ose sheri të thatë
2 thelpinj hudhre, te shtypura
4 qepë (qepëza), të prera në feta
150 ml/¬° pt/bujare ¬Ω filxhan lëng pule
15 ml/1 lugë gjelle vaj susami
15 ml/1 lugë gjelle miell misri (miseshte misri)

Përzieni së bashku mishin e qengjit, lastarët e bambusë, gështenjat e ujit dhe kërpudhat. Përzieni 15 ml/1 lugë vaj, 15 ml/1 lugë salcë soje dhe 15 ml/1 lugë verë ose sheri dhe hidheni sipër masën e qengjit. Lëreni të marinohet për 1 orë. Ngrohni vajin e mbetur dhe skuqni hudhrën derisa të skuqet lehtë. Shtoni përzierjen e mishit dhe skuqeni derisa të marrë ngjyrë kafe. Hidhni qepët e pranverës dhe shtoni salcën e mbetur të sojës dhe verën ose sherin, pjesën më të madhe të lëngut dhe vajin e susamit. Lëreni të vlojë duke e përzier, mbulojeni dhe ziejini për 10 minuta. Përziejmë miellin e misrit me lëngun e mbetur, e përziejmë në salcë dhe e ziejmë duke e trazuar derisa salca të pastrohet dhe të trashet.

Qengji me Tofu

Shërben 4

60 ml/4 lugë gjelle vaj kikiriku (kikiriku).
450 g/1 lb mish qengji pa dhjamë, i grirë trashë
3 thelpinj hudhre, te shtypura
2 qepë (qepëza), të grira
4 gështenja uji, të prera në kubikë
5 ml/1 lugë e vogël lëkure portokalli të grirë
15 ml/1 lugë gjelle salcë soje
majë kripë
100 g/4 oz tofu, në kubikë
2,5 ml/¬Ω lugë gjelle salcë goca deti
2,5 ml/¬Ω lugë vaj susami

Ngrohni gjysmën e vajit dhe skuqni qengjin, hudhrën dhe qepët derisa të skuqen lehtë. Shtoni gështenjat e ujit, lëkurën e portokallit dhe salcën e sojës dhe aq ujë të vluar sa të mbulojë mishin. E kthejmë në valë, e mbulojmë dhe e ziejmë për rreth 30 minuta derisa qengji të zbutet shumë. Ndërkohë, ngrohni vajin e mbetur dhe skuqeni tofu-n derisa të skuqet lehtë. E shtojmë te mishi i qengjit me salcën e gocave dhe vajin e susamit dhe e lëmë të ziejë pa mbuluar për 5 minuta.

Qengji i pjekur

Shërben 4–6

2 kg/4 lb kofshë qengji
120 ml/4 fl oz/½ filxhan salcë soje
1 qepë, e grirë hollë
2 thelpinj hudhre, te shtypura
1 fetë rrënjë xhenxhefili, e prerë
50 g/2 oz/¼ filxhan sheqer kaf
30 ml/2 lugë gjelle verë orizi ose sheri të thatë
30 ml/2 lugë domate purée (pastë)
15 ml/1 lugë gjelle uthull vere
15 ml/1 lugë gjelle lëng limoni

Vendoseni qengjin në një enë. Pastroni përbërësit e mbetur më pas hidhini mbi mish qengji, mbulojeni dhe vendoseni në frigorifer gjatë natës, duke i kthyer dhe pastruar herë pas here.

Piqeni mishin e qengjit në një furrë të parangrohur në 220°C/425°F/gaz mark 7 për 10 minuta më pas uleni zjarrin në 190°C/375°F/gaz pikën 5 dhe vazhdoni të gatuani për 20 minuta për. 450 g/1 paund plus 20 minuta, duke u lyer herë pas here me marinadë.

Qengji i pjekur me mustardë

Shërben 8

75 ml/5 lugë gjelle mustardë të përgatitur
15 ml/1 lugë gjelle salcë soje
1 thelpi hudhër, e shtypur
5 ml/1 lugë gjelle trumzë e freskët e copëtuar
1 fetë rrënjë xhenxhefil, e grirë
15 ml/1 lugë gjelle vaj kikiriku (kikiriku).
1,25 kg/3 paund kofshë qengji

Përziejini së bashku të gjithë përbërësit e erëzave derisa të bëhen kremoze. Përhapeni mbi qengjin dhe lëreni të qëndrojë për disa orë. Pjekim në furrë të parangrohur në 180¬∞C/350¬∞F/gaz pikën 4 për rreth 1¬Ω orë.

Gjoksi i Qengjit i mbushur

Shërben 6°C8

1 gjoks qengji
225 g/8 oz oriz të gatuar me kokërr të gjatë
1 piper i vogël jeshil, i grirë
2 qepë (qepëza), të grira
90 ml/6 lugë gjelle vaj kikiriku (kikiriku).
kripë dhe piper i sapo bluar
375 ml/13 floz/1¬Ω gota ujë
15 ml/1 lugë gjelle miell misri (miseshte misri)
15 ml/1 lugë gjelle salcë soje

Prisni një xhep në skajin e gjerë të gjoksit të qengjit. Përzieni së bashku orizin, piperin, qepët e freskëta, 30 ml/2 lugë vaj, kripën dhe piperin dhe mbushni zgavrën me masën. Siguroni fundin me fije. Ngrohni vajin e mbetur dhe skuqni qengjin derisa të skuqet lehtë nga të gjitha anët. I rregullojmë me kripë dhe piper, shtojmë 250 ml/8 floz/1 filxhan ujë, e lëmë të vlojë, e mbulojmë dhe e ziejmë për 2 orë ose derisa mishi të zbutet. Përzieni miellin e misrit, salcën e sojës dhe ujin e mbetur në një masë, përzieni në tigan dhe ziejini, duke e trazuar, derisa salca të pastrohet dhe të trashet.

Qengji i pjekur

Shërben 4

100 g/4 oz thërrime buke
4 vezë të ziera (të ziera fort), të copëtuara
225 g/8 oz mish qengji të gatuar, të copëtuar
300 ml/½ pt/1¼ filxhanë lëng
15 ml/1 lugë gjelle salcë soje
15 ml/1 lugë gjelle miell misri (miseshte misri)
30 ml/2 lugë gjelle ujë

Në një enë rezistente ndaj furrës i rregullojmë në shtresa thërrimet e bukës, vezët e ziera dhe mishin e qengjit. Në një tenxhere vendoseni lëngun dhe salcën e sojës të ziejnë. Përzieni miellin e misrit dhe ujin në një masë, përzieni lëngun dhe ziejini, duke e trazuar, derisa salca të trashet. Hidhni sipër masën e qengjit, mbulojeni dhe piqini në furrë të parangrohur në 180°C/350°C/gaz 4 për rreth 25 minuta derisa të marrin ngjyrë kafe të artë.

Qengji dhe oriz

Shërben 4

30 ml/2 lugë gjelle vaj kikiriku (kikiriku).

350 g/12 oz qengji i gatuar, i prerë në kubikë

600 ml/1 pt/2¬Ω gota lëng

10 ml/2 lugë kripë

10 ml/2 lugë salcë soje

4 qepë të prera në katër pjesë

2 karota, të prera në feta

50 g/2 oz bizele

15 ml/1 lugë gjelle miell misri (miseshte misri)

30 ml/2 lugë gjelle ujë

350 g/12 oz oriz të gatuar me kokërr të gjatë, i nxehtë

Ngroheni vajin dhe skuqni qengjin derisa të skuqet lehtë. Shtoni lëngun, kripën dhe salcën e sojës, lëreni të vlojë, mbulojeni dhe ziejini për 10 minuta. Shtoni qepët, karotat dhe bizelet, mbulojeni dhe ziejini për 20 minuta derisa perimet të zbuten. Hidheni lëngun në një tenxhere. Përzieni miellin e misrit dhe ujin në një masë, përzieni në salcë dhe ziejini, duke e trazuar, derisa salca të pastrohet dhe të trashet. Rregulloni orizin në një pjatë servirjeje të ngrohur dhe grumbulloni sipër përzierjen e qengjit. Hidhni sipër salcën dhe shërbejeni menjëherë.

Qengji i shelgut

Shërben 3

450 g/1 lb mish qengji pa dhjamë

1 vezë e rrahur lehtë

30 ml/2 lugë salcë soje

5 ml/1 lugë miell misri (miseshte misri)

majë kripë

vaj për tiganisje të thellë

1 karotë e vogël, e grirë

1 thelpi hudhër, e shtypur

2,5 ml/¬Ω lugë sheqer

2,5 ml/¬Ω lugë gjelle uthull vere

2,5 ml/¬Ω lugë çaji verë orizi ose sheri të thatë

piper i sapo bluar

Pritini qengjin në rripa të hollë rreth 5 cm/2 të gjatë. Përzieni së bashku vezën, 15 ml/1 lugë salcë soje, miellin e misrit dhe kripën, përzieni me mishin e qengjit dhe lëreni të marinohet për 30 minuta të tjera. Ngrohni vajin dhe skuqeni thellë qengjin deri sa të gatuhet gjysmë. E heqim nga tava dhe e kullojmë. Hidhni të gjitha, përveç 30 ml/2 lugë gjelle vaj dhe skuqni karotën dhe hudhrën për 1 minutë. Shtoni mishin e qengjit dhe përbërësit e mbetur dhe skuqeni për 3 minuta.

Mish derri me bajame

Shërben 4

60 ml/4 lugë gjelle vaj kikiriku (kikiriku).
50 g/2 oz/½ filxhan bajame të grira
350 g/12 oz mish derri, i prerë në kubikë
100 g/4 oz fidane bambuje, të prera në kubikë
3 kërcell selino, të prera në kubikë
50 g/2 oz bizele
4 gështenja uji, të prera në kubikë
100 g/4 oz kërpudha, të prera në kubikë
250 ml/8 ml ons/1 filxhan lëng
45 ml/3 lugë salcë soje
kripë dhe piper i sapo bluar

Ngroheni vajin dhe skuqni bajamet derisa të marrin një ngjyrë kafe të lehtë. Hidhni pjesën më të madhe të vajit, shtoni mishin e derrit dhe skuqeni për 1 minutë. Shtoni lastarët e bambusë, selinon, bizelet, gështenjat e ujit dhe kërpudhat dhe skuqini për 1 minutë. Shtoni lëngun, salcën e sojës, kripë dhe piper, lëreni të vlojë, mbulojeni dhe ziejini për 10 minuta.

Mish derri me kërcell bambuje

Shërben 4

30 ml/2 lugë gjelle vaj kikiriku (kikiriku).
450 g/1 lb mish derri pa dhjamë, i prerë në kubikë
3 qepë (qepëza), të prera në feta
2 thelpinj hudhre, te shtypura
1 fetë rrënjë xhenxhefil, e grirë
250 ml/8 ml oz/1 filxhan salcë soje
30 ml/2 lugë gjelle verë orizi ose sheri të thatë
30 ml/2 lugë gjelle sheqer kaf
5 ml/1 lugë kripë
600 ml/1 pt/2½ gota ujë
100 g/4 oz fidane bambuje, të prera në feta

Ngrohni vajin dhe skuqni mishin e derrit deri në kafe të artë. Kulloni vajin e tepërt, shtoni qepët, hudhrat dhe xhenxhefilin dhe skuqini për 2 minuta. Shtoni salcën e sojës, verën ose sherin, sheqerin dhe kripën dhe përzieni mirë. Shtoni ujin, lëreni të vlojë, mbulojeni dhe ziejini për 45 minuta. Shtoni filizat e bambusë, mbulojeni dhe ziejini për 20 minuta të tjera.

Mish derri i pjekur në Barbekju

Shërben 4

2 fileto derri
30 ml/2 lugë gjelle verë e kuqe
15 ml/1 lugë gjelle sheqer kaf
15 ml/1 lugë mjaltë
60 ml/4 lugë salcë soje
2,5 ml/½ lugë e vogël kanellë
10 ml/2 lugë e kuqe ngjyra ushqimore (opsionale)
1 thelpi hudhër, e shtypur
1 qepë (krepë), e prerë në copa

Vendoseni mishin në një tas. Përziejini së bashku të gjithë përbërësit e mbetur, derdhni sipër mishin e derrit dhe lëreni të marinohet për 2 orë duke i kthyer herë pas here. Kullojeni mishin dhe vendoseni në një raft teli në një tepsi për pjekje. Gatuani në furrë të parangrohur në 180°C/350°F/gaz 4 për rreth 45 minuta, duke e rrotulluar dhe lyer me marinadë gjatë gatimit. Shërbejeni të prerë në feta të holla.

Lakër derri dhe fasule

Shërben 4

225 g/8 oz mish derri pa dhjamë, i prerë në rripa
1 fetë rrënjë xhenxhefil, e grirë
30 ml/2 lugë salcë soje
15 ml/1 lugë gjelle verë orizi ose sheri të thatë
2,5 ml/½ lugë sheqer
450 g/1 lb lakër fasule
45 ml/3 lugë gjelle vaj kikiriku (kikiriku).
2,5 ml/½ lugë kripë

Përzieni së bashku mishin e derrit, xhenxhefilin, 15 ml/ 1 lugë gjelle salcë soje, verën ose sherin dhe sheqerin. Zbardhni filizat e fasules në ujë të vluar për 2 minuta dhe më pas kullojini. Ngroheni gjysmën e vajit dhe skuqeni mishin e derrit për 3 minuta derisa të skuqet lehtë. Hiqeni nga tigani. Ngrohni vajin e mbetur dhe skuqni filizat e fasules me kripën për 1 minutë. Spërkateni me salcën e mbetur të sojës dhe skuqeni për 1 minutë të tjera. Kthejeni mishin e derrit në tigan dhe skuqeni derisa të nxehet.

Pulë me kërcell bambuje

Shërben 4

45 ml/3 lugë gjelle vaj kikiriku (kikiriku).
1 thelpi hudhër, e shtypur
1 qepë (krepë), e grirë
1 fetë rrënjë xhenxhefili, e prerë
225 g/8 oz gjoks pule, të prerë në copa
225 g/8 oz fidane bambuje, të prera në copa
45 ml/3 lugë salcë soje
15 ml/1 lugë gjelle verë orizi ose sheri të thatë
5 ml/1 lugë miell misri (miseshte misri)

Ngrohni vajin dhe skuqni hudhrën, qepën dhe xhenxhefilin derisa të skuqen lehtë. Shtoni pulën dhe skuqeni për 5 minuta. Shtoni fidanet e bambusë dhe skuqini për 2 minuta. Përzieni salcën e sojës, verën ose sherin dhe miellin e misrit dhe skuqeni për rreth 3 minuta derisa pula të gatuhet.

Proshutë me avull

Shërben 6–8

900 g/2 lb proshutë e freskët
30 ml/2 lugë gjelle sheqer kaf
60 ml/4 lugë gjelle verë orizi ose sheri të thatë

Vendoseni proshutën në një enë rezistente ndaj nxehtësisë në një raft, mbulojeni dhe ziejini me avull mbi ujë të vluar për rreth 1 orë. Shtoni sheqerin dhe verën ose sherin në gjellë, mbulojeni dhe ziejini me avull për 1 orë të tjera ose derisa proshuta të jetë gatuar. Lëreni të ftohet në tas përpara se ta prisni në feta.

Proshutë me lakër

Shërben 4

4 proshutë me shirita, të grira dhe të copëtuara

2,5 ml/½ lugë kripë

1 fetë rrënjë xhenxhefil, e grirë

½ lakër, e grirë

75 ml/5 lugë gjelle lëng pule

15 ml/1 lugë gjelle salcë gocë deti

Skuqni proshutën derisa të jetë e freskët dhe më pas hiqeni nga tigani. Shtoni kripën dhe xhenxhefilin dhe skuqeni për 2 minuta. Shtoni lakrën dhe përzieni mirë më pas përzieni proshutën dhe shtoni lëngun, mbulojeni dhe ziejini për rreth 5 minuta derisa lakra të jetë e butë, por ende pak e freskët. Përzieni salcën e gocave, mbulojeni dhe ziejini për 1 minutë përpara se ta shërbeni.

Pulë bajame

Shërben 4–6

375 ml/13 ml oz/1½ filxhan lëng pule
60 ml/4 lugë gjelle verë orizi ose sheri të thatë
45 ml/3 lugë miell misri (miell misri)
15 ml/1 lugë gjelle salcë soje
4 gjoks pule
1 e bardhe veze
2,5 ml/½ lugë kripë
vaj për tiganisje të thellë
75 g/3 oz/½ filxhan bajame të zbardhura
1 karotë e madhe, e prerë në kubikë
5 ml/1 lugë gjelle rrënjë xhenxhefili të grirë
6 qepë (qepëza), të prera në feta
3 kërcell selino, të prera në feta
100 g/4 oz kërpudha, të prera në feta
100 g/4 oz fidane bambuje, të prera në feta

Përzieni lëngun, gjysmën e verës ose sherit, 30 ml/2 lugë miell misri dhe salcën e sojës në një tenxhere. Lëreni të vlojë duke e trazuar, më pas ziejini për 5 minuta derisa masa të trashet. Hiqeni nga zjarri dhe mbajeni të ngrohtë.

I hiqni lëkurën dhe kockat e pulës dhe e prisni në copa 2,5 cm/1. Përzieni verën e mbetur ose sherin dhe miellin e misrit, të bardhën e vezës dhe kripën, shtoni copat e pulës dhe përzieni mirë. Ngrohni vajin dhe skuqni copat e pulës disa nga një për rreth 5 minuta derisa të marrin ngjyrë kafe të artë. Kullojini mirë. Hiqni të gjitha, përveç 30 ml/ 2 lugë vaj nga tigani dhe skuqini bajamet për 2 minuta derisa të marrin ngjyrë të artë. Kullojini mirë. Shtoni karrotën dhe xhenxhefilin në tigan dhe skuqini për 1 minutë. Shtoni perimet e mbetura dhe skuqini për rreth 3 minuta derisa perimet të jenë të buta, por ende të freskëta. Kthejeni pulën dhe bajamet në tiganin me salcë dhe përziejini në zjarr mesatar për disa minuta derisa të nxehen.

Pulë me bajame dhe gështenja uji

Shërben 4

6 kërpudha të thata kineze
4 copa pule, me kocka
100 g/4 oz bajame të bluara
kripë dhe piper i sapo bluar
60 ml/4 lugë gjelle vaj kikiriku (kikiriku).
100 g/4 oz gështenja uji, të prera në feta
75 ml/5 lugë gjelle lëng pule
30 ml/2 lugë salcë soje

Thithni kërpudhat në ujë të ngrohtë për 30 minuta dhe më pas kullojini. Hidhni kërcellet dhe pritini kapakët. Pritini pulën në feta të holla. I rregullojmë bajamet me kripë dhe piper dhe lyejmë fetat e pulës me bajame. Ngroheni vajin dhe skuqeni pulën derisa të skuqet lehtë. Shtoni kërpudhat, gështenjat e ujit, lëngun dhe salcën e sojës, lërini të vlojnë, mbulojeni dhe ziejini për disa minuta derisa pula të gatuhet.

Pulë me bajame dhe perime

Shërben 4

75 ml/5 lugë gjelle vaj kikiriku (kikiriku).
4 feta rrënjë xhenxhefili, të grira
5 ml/1 lugë kripë
100 g/4 oz lakër kineze, e grirë
50 g/2 oz fidane bambuje, të prera në kubikë
50 g/2 oz kërpudha, të prera në kubikë
2 kërcell selino, të prera në kubikë
3 gështenja uji, të prera në kubikë
120 ml/4 ml oz/½ filxhan lëng pule
225 g/8 oz gjoks pule, të prerë në kubikë
15 ml/1 lugë gjelle verë orizi ose sheri të thatë
50 g/2 oz mangeout (bizele bore)
100 g/4 oz bajame të grira, të thekura
10 ml/2 lugë miell misri (miseshte misri)
15 ml/1 lugë gjelle ujë

Ngrohni gjysmën e vajit dhe skuqni xhenxhefilin dhe kripën për 30 sekonda. Shtoni lakrën, lastarët e bambusë, kërpudhat, selinon dhe gështenjat e ujit dhe skuqini për 2 minuta. Shtoni lëngun, lëreni të vlojë, mbulojeni dhe zijini për 2 minuta. Hiqni perimet dhe salcën nga tigani. Ngroheni vajin e mbetur dhe skuqeni pulën për 1 minutë. Shtoni verën ose sherin dhe skuqeni për 1 minutë. Kthejini perimet në tigan me mangeut dhe bajame dhe ziejini për 30 sekonda. Përzieni miellin e misrit dhe ujin në një masë, përzieni në salcë dhe ziejini, duke e trazuar, derisa salca të trashet.

Pulë anise

Shërben 4

75 ml/5 lugë gjelle vaj kikiriku (kikiriku).
2 qepë, të grira
1 thelpi hudhër, e prerë
2 feta rrënjë xhenxhefili, të prera
15 ml/1 lugë gjelle miell i thjeshtë (për përdorime).
30 ml/2 lugë gjelle pluhur kerri
450 g/1 lb pule, e prerë në kubikë
15 ml/1 lugë gjelle sheqer
30 ml/2 lugë salcë soje
450 ml/¾ pt/2 gota lëng pule
2 karafil anise

225 g/8 oz patate, të prera në kubikë

Ngroheni gjysmën e vajit dhe skuqni qepët derisa të skuqen lehtë dhe më pas i hiqni nga tigani. Ngrohni vajin e mbetur dhe skuqni hudhrën dhe xhenxhefilin për 30 sekonda. Hidhni miellin dhe pluhurin e kerit dhe gatuajeni për 2 minuta. Kthejeni qepët në tigan, shtoni pulën dhe skuqni për 3 minuta. Shtoni sheqerin, salcën e sojës, lëngun dhe aniseun, lërini të vlojnë, mbulojeni dhe ziejini për 15 minuta. Shtoni patatet, kthejeni në zierje, mbulojeni dhe ziejini edhe për 20 minuta të tjera derisa të zbuten.

Pulë me kajsi

Shërben 4

4 copa pule
kripë dhe piper i sapo bluar
majë xhenxhefil të bluar
60 ml/4 lugë gjelle vaj kikiriku (kikiriku).
225 g/8 oz kajsi të konservuara, të përgjysmuara
300 ml/½ pt/1¼ filxhan Salcë e ëmbël dhe e thartë
30 ml/2 lugë gjelle bajame të grira, të thekura

E rregullojmë pulën me kripë, piper dhe xhenxhefil. Ngroheni vajin dhe skuqeni pulën derisa të skuqet lehtë. Mbulojeni dhe gatuajeni për rreth 20 minuta derisa të zbuten, duke e kthyer herë pas here. Kullojeni vajin. Shtoni kajsitë dhe salcën në tigan, lërini të vlojnë, mbulojeni dhe ziejini butësisht për rreth 5 minuta ose derisa të nxehen. Dekoroni me bajame të grira.

Pulë me Asparagus

Shërben 4

45 ml/3 lugë gjelle vaj kikiriku (kikiriku).
5 ml/1 lugë kripë
1 thelpi hudhër, e shtypur
1 qepë (krepë), e grirë
1 gjoks pule, i prerë në feta
30 ml/2 lugë gjelle salcë fasule të zezë
350 g/12 oz shparg, të prerë në copa 2,5 cm/1
120 ml/4 ml oz/½ filxhan lëng pule
5 ml/1 lugë sheqer
15 ml/1 lugë gjelle miell misri (miseshte misri)
45 ml/3 lugë gjelle ujë

Ngrohni gjysmën e vajit dhe skuqni kripën, hudhrën dhe qepën deri sa të skuqen lehtë. Shtoni pulën dhe skuqeni derisa të marrë një ngjyrë të lehtë. Shtojmë salcën e fasules së zezë dhe e përziejmë që të lyhet pula. Shtoni shpargujt, lëngun dhe sheqerin, lërini të vlojnë, mbulojeni dhe ziejini për 5 minuta derisa pula të zbutet. Përziejmë miellin e misrit dhe ujin në formë paste, e përziejmë në tigan dhe i ziejmë duke e trazuar derisa salca të pastrohet dhe të trashet.

Pulë me patëllxhan

Shërben 4

225 g/8 oz pulë, e prerë në feta
15 ml/1 lugë gjelle salcë soje
15 ml/1 lugë gjelle verë orizi ose sheri të thatë
15 ml/1 lugë gjelle miell misri (miseshte misri)
1 patëllxhan (patëllxhan), i qëruar dhe i prerë në rripa
30 ml/2 lugë gjelle vaj kikiriku (kikiriku).
2 speca djegës të kuq të thatë
2 thelpinj hudhre, te shtypura
75 ml/5 lugë gjelle lëng pule

Vendoseni pulën në një tas. Përzieni salcën e sojës, verën ose sherin dhe miellin e misrit, përzieni në pulën dhe lëreni të qëndrojë për 30 minuta. Zbardhni patëllxhanët në ujë të vluar për 3 minuta dhe më pas kullojini mirë. Ngroheni vajin dhe skuqni specat derisa të errësohen më pas i hiqni dhe i hidhni. Shtoni hudhrën dhe pulën dhe i përzieni derisa të marrin ngjyrë të lehtë. Shtoni lëngun dhe patëllxhanët, lërini të vlojnë, mbulojeni dhe ziejini për 3 minuta duke i përzier herë pas here.

Pulë e mbështjellë me proshutë

Shërben 4–6

225 g/8 oz pulë, e prerë në kubikë
30 ml/2 lugë salcë soje
15 ml/1 lugë gjelle verë orizi ose sheri të thatë
5 ml/1 lugë sheqer
5 ml/1 lugë vaj susami
kripë dhe piper i sapo bluar
225 g/8 oz kokrra për proshutë
1 vezë të rrahura lehtë
100 g/4 oz miell i thjeshtë (për të gjitha përdorimet).
vaj për tiganisje të thellë
4 domate, të prera në feta

Përziejmë pulën me salcën e sojës, verën ose sherin, sheqerin, vajin e susamit, kripën dhe piperin. Mbulojeni dhe lëreni të marinohet për 1 orë, duke e përzier herë pas here, më pas hiqni pulën dhe hidhni marinadën. Prisni proshutën në copa dhe mbështillni rreth kubeve të pulës. Rrihni vezët me miellin për të bërë një brumë të trashë, duke shtuar pak qumësht nëse është e nevojshme. Zhytni kubet në brumë. Ngrohni vajin dhe skuqni kubet derisa të marrin ngjyrë kafe të artë dhe të gatuhen. Shërbejeni të zbukuruar me domate.

Pulë me lakër fasule

Shërben 4

45 ml/3 lugë gjelle vaj kikiriku (kikiriku).
1 thelpi hudhër, e shtypur
1 qepë (krepë), e grirë
1 fetë rrënjë xhenxhefili, e prerë
225 g/8 oz gjoks pule, të prerë në copa
225 g/8 oz lakër fasule
45 ml/3 lugë salcë soje
15 ml/1 lugë gjelle verë orizi ose sheri të thatë
5 ml/1 lugë miell misri (miseshte misri)

Ngrohni vajin dhe skuqni hudhrën, qepën dhe xhenxhefilin derisa të skuqen lehtë. Shtoni pulën dhe skuqeni për 5 minuta. Shtoni filizat e fasules dhe skuqini për 2 minuta. Përzieni salcën e sojës, verën ose sherin dhe miellin e misrit dhe skuqeni për rreth 3 minuta derisa pula të gatuhet.

Pulë me salcë fasule të zezë

Shërben 4

30 ml/2 lugë gjelle vaj kikiriku (kikiriku).
5 ml/1 lugë kripë
30 ml/2 lugë gjelle salcë fasule të zezë
2 thelpinj hudhre, te shtypura
450 g/1 paund pule, e prerë në kubikë
250 ml/8 ml ons/1 filxhan lëng
1 piper jeshil i prere ne kubik
1 qepë, e grirë
15 ml/1 lugë gjelle salcë soje
piper i sapo bluar
15 ml/1 lugë gjelle miell misri (miseshte misri)
45 ml/3 lugë gjelle ujë

Ngroheni vajin dhe skuqni kripën, fasulet e zeza dhe hudhrën për 30 sekonda. Shtoni pulën dhe skuqeni derisa të skuqet lehtë. Përzieni lëngun, lëreni të vlojë, mbulojeni dhe ziejini për 10 minuta. Shtoni piperin, qepën, salcën e sojës dhe piperin, mbulojeni dhe ziejini për 10 minuta të tjera. Përzieni miellin e misrit dhe ujin në një masë, përzieni salcën dhe ziejini, duke e trazuar, derisa salca të trashet dhe mishi i pulës të jetë i butë.

Pulë me brokoli

Shërben 4

450 g/1 lb mish pule, i prerë në kubikë

225 g/8 oz mëlçi pule

45 ml/3 lugë gjelle miell i thjeshtë (për përdorime).

45 ml/3 lugë gjelle vaj kikiriku (kikiriku).

1 qepë e prerë në kubikë

1 spec i kuq, i prerë në kubikë

1 piper jeshil i prere ne kubik

225 g/8 oz lule brokoli

4 feta ananasi, të prera në kubikë

30 ml/2 lugë gjelle pure domate (pastë)

30 ml/2 lugë gjelle salcë hoisin

30 ml/2 lugë mjaltë

30 ml/2 lugë salcë soje

300 ml/½ pt/1¼ filxhan lëng pule

10 ml/2 lugë vaj susami

Hidhni pulën dhe mëlçitë e pulës në miell. Ngrohni vajin dhe skuqni mëlçinë për 5 minuta më pas hiqeni nga tigani. Shtoni pulën, mbulojeni dhe skuqeni në zjarr mesatar për 15 minuta, duke e përzier herë pas here. Shtoni perimet dhe ananasin dhe i skuqni për 8 minuta. Kthejini mëlçitë në wok, shtoni përbërësit e mbetur dhe lërini të ziejnë. Ziejini duke e trazuar derisa salca të trashet.

Pulë me lakër dhe kikirikë

Shërben 4

45 ml/3 lugë gjelle vaj kikiriku (kikiriku).
30 ml/2 lugë gjelle kikirikë
450 g/1 paund pule, e prerë në kubikë
½ lakër, të prerë në katrorë
15 ml/1 lugë gjelle salcë fasule të zezë
2 speca djegës të kuq, të grirë
5 ml/1 lugë kripë

Ngroheni pak vaj dhe skuqni kikirikët për disa minuta duke i trazuar vazhdimisht. Hiqeni, kullojeni më pas shtypeni. Ngrohni vajin e mbetur dhe skuqni pulën dhe lakrën derisa të skuqen lehtë. Hiqeni nga tigani. Shtoni salcën e fasules së zezë dhe specat djegës dhe i përzieni për 2 minuta. Kthejeni pulën dhe lakrën në tigan me kikirikët e grimcuar dhe i rregulloni me kripë. I përzieni derisa të nxehet dhe më pas shërbejeni menjëherë.

Pulë me shqeme

Shërben 4

30 ml/2 lugë salcë soje
30 ml/2 lugë gjelle miell misri (miseshte misri)
15 ml/1 lugë gjelle verë orizi ose sheri të thatë
350 g/12 oz pulë, e prerë në kubikë
45 ml/3 lugë gjelle vaj kikiriku (kikiriku).
2,5 ml/½ lugë kripë
2 thelpinj hudhre, te shtypura
225 g/8 oz kërpudha, të prera në feta
100 g/4 oz gështenja uji, të prera në feta
100 g/4 oz fidane bambuje
50 g/2 oz mangeout (bizele bore)
225 g/8 oz/2 gota arra shqeme
300 ml/½ pt/1¼ filxhan lëng pule

Përzieni së bashku salcën e sojës, miellin e misrit dhe verën ose sherin, derdhni sipër pulës, mbulojeni dhe lëreni të marinohet për të paktën 1 orë. Ngrohni 30 ml/2 lugë vaj me kripë dhe hudhër dhe skuqeni derisa hudhra të skuqet lehtë. Shtoni pulën me marinadën dhe skuqeni për 2 minuta derisa pula të skuqet lehtë. Shtoni kërpudhat, gështenjat e ujit, fidanet e bambusë dhe mangeout dhe skuqini për 2 minuta. Ndërkohë, ngrohni vajin e mbetur në një tigan të veçantë dhe skuqni arrat shqeme në një zjarr të lehtë për disa minuta derisa të marrin ngjyrë kafe të artë. I shtojmë në tiganin me lëngun, i lëmë të vlojnë, i mbulojmë dhe i ziejmë për 5 minuta. Nëse salca nuk është trashur mjaftueshëm, përzieni me pak miell misri të përzier me një lugë ujë dhe përzieni derisa salca të trashet dhe të pastrohet.

Pulë me gështenja

Shërben 4

225 g/8 oz pulë, e prerë në feta

5 ml/1 lugë kripë

15 ml/1 lugë gjelle salcë soje

vaj për tiganisje të thellë

250 ml/8 ml oz/1 filxhan lëng pule

200 g/7 oz gështenja uji, të copëtuara

225 g/8 oz gështenja, të copëtuara

225 g/8 oz kërpudha, të prera në katër pjesë

15 ml/1 lugë majdanoz i freskët i grirë

Spërkateni pulën me kripë dhe salcë soje dhe fërkojeni mirë në pulë. Ngrohni vajin dhe skuqeni thellë pulën deri në kafe të artë, më pas hiqeni dhe kullojeni. Vendoseni pulën në një tigan me lëngun, lëreni të vlojë dhe ziejini për 5 minuta. Shtoni gështenjat me ujë, gështenjat dhe kërpudhat, mbulojeni dhe ziejini për rreth 20 minuta derisa gjithçka të zbutet. Shërbejeni të zbukuruar me majdanoz.

Ftohtë e nxehtë-Pulë

Shërben 4

350 g/1 lb mish pule, i prerë në kubikë

1 vezë e rrahur lehtë

10 ml/2 lugë salcë soje

2,5 ml/½ lugë e vogël miell misri (miseshte misri)

vaj për tiganisje të thellë

1 piper jeshil i prere ne kubik

4 thelpinj hudhre, te shtypura

2 speca djegës të kuq, të grira

5 ml/1 lugë gjelle piper i sapo bluar

5 ml/1 lugë uthull vere

5 ml/1 lugë çaji ujë

2,5 ml/½ lugë sheqer

2,5 ml/½ lugë e vogël vaj speci

2,5 ml/½ lugë vaj susami

Përzieni pulën me vezën, gjysmën e salcës së sojës dhe miellin e misrit dhe lëreni të qëndrojë për 30 minuta. Ngrohni vajin dhe skuqeni thellë pulën deri në kafe të artë dhe më pas kullojeni mirë. Hidhni të gjitha, përveç 15 ml/1 lugë gjelle vaj nga tigani, shtoni specin, hudhrën dhe specat djegës dhe skuqini për 30 sekonda. Shtoni piperin, uthullën e verës, ujin dhe sheqerin dhe skuqini për 30 sekonda. Kthejeni pulën në tigan dhe skuqeni për disa minuta derisa të gatuhet. Shërbejeni të spërkatur me djegës dhe vaj susami.

Pulë e skuqur me djegës

Shërben 4

225 g/8 oz pulë, e prerë në feta

2,5 ml/½ lugë salcë soje

2,5 ml/½ lugë vaj susami

2,5 ml/½ lugë çaji verë orizi ose sheri të thatë

5 ml/1 lugë miell misri (miseshte misri)

kripë

45 ml/3 lugë gjelle vaj kikiriku (kikiriku).

100 g/4 oz spinaq

4 qepë (qepë), të grira

2,5 ml/½ lugë speci pluhur

15 ml/1 lugë gjelle ujë

1 domate e prerë në feta

Përzieni pulën me salcën e sojës, vajin e susamit, verën ose sherin, gjysmën e miellit të misrit dhe pak kripë. Lëreni të qëndrojë për 30 minuta. Ngrohni 15 ml/ 1 lugë vaj dhe skuqni pulën derisa të skuqet lehtë. Hiqeni nga wok. Ngrohni 15 ml/1 lugë gjelle vaj dhe skuqni spinaqin derisa të thahet dhe më pas hiqeni nga wok. Ngrohni vajin e mbetur dhe skuqni qepët, pluhurin e djegës, ujin dhe miellin e misrit të mbetur për 2 minuta. Përzieni pulën dhe skuqeni shpejt. E vendosim spinaqin rreth një pjate servirjeje të ngrohur, sipër fusim pulën dhe e shërbejmë të zbukuruar me domate.

Pres pule Suey

Shërben 4

100 g/4 oz gjethe kineze, të grira

100 g/4 oz fidane bambuje, të prera në rripa

60 ml/4 lugë gjelle vaj kikiriku (kikiriku).

3 qepë (qepëza), të prera në feta

2 thelpinj hudhre, te shtypura

1 fetë rrënjë xhenxhefili, e prerë

225 g/8 oz gjoks pule, të prerë në rripa

45 ml/3 lugë salcë soje

15 ml/1 lugë gjelle verë orizi ose sheri të thatë

5 ml/1 lugë kripë

2,5 ml/½ lugë sheqer

piper i sapo bluar

15 ml/1 lugë gjelle miell misri (miseshte misri)

Zbardhni gjethet kineze dhe lastarët e bambusë në ujë të vluar për 2 minuta. Kullojeni dhe thajeni. Ngrohni 45 ml/3 lugë vaj dhe skuqni qepët, hudhrën dhe xhenxhefilin derisa të skuqen lehtë. Shtoni pulën dhe skuqeni për 4 minuta. Hiqeni nga tigani. Ngrohni vajin e mbetur dhe skuqni perimet për 3 minuta. Shtoni pulën, salcën e sojës, verën ose sherin, kripën, sheqerin dhe pak piper dhe skuqeni për 1 minutë. Miellin e misrit e përziejmë me pak ujë, e përziejmë në salcë dhe e ziejmë duke e trazuar derisa salca të pastrohet dhe të trashet.

Chicken Chow Mein

Shërben 4

30 ml/2 lugë gjelle vaj kikiriku (kikiriku).
2 thelpinj hudhre, te shtypura
450 g/1 lb pule, e prerë në feta
225 g/8 oz fidane bambuje, të prera në feta
100 g/4 oz selino, të prera në feta
225 g/8 oz kërpudha, të prera në feta
450 ml/¾ pt/2 gota lëng pule
225 g/8 oz lakër fasule
4 qepë, të prera në copa
30 ml/2 lugë salcë soje
30 ml/2 lugë gjelle miell misri (miseshte misri)
225 g/8 oz petë të thata kineze

Ngrohni vajin me hudhrën derisa të marrë një ngjyrë të artë, më pas shtoni pulën dhe skuqeni për 2 minuta derisa të skuqet lehtë. Shtoni fidanet e bambusë, selinon dhe kërpudhat dhe skuqini për 3 minuta. Shtoni pjesën më të madhe të lëngut, lëreni të vlojë, mbulojeni dhe ziejini për 8 minuta. Shtoni filizat e fasules dhe qepët dhe ziejini për 2 minuta, duke i trazuar, derisa të ketë mbetur vetëm pak lëng. Përzieni lëngun e mbetur me salcën e sojës dhe miell misri. E trazojmë në tigan dhe e ziejmë duke e trazuar derisa salca të pastrohet dhe të trashet.

Ndërkohë ziejini petët në ujë të vluar me kripë për disa minuta, sipas udhëzimeve në pako. Kullojini mirë më pas hidheni me masën e pulës dhe shërbejeni menjëherë.

Pulë me erëza të skuqura me erëza

Shërben 4

450 g/1 lb mish pule, i prerë në copa
30 ml/2 lugë salcë soje
30 ml/2 lugë gjelle salcë kumbulle
45 ml/3 lugë çatni mango
1 thelpi hudhër, e shtypur
2,5 ml/½ lugë e vogël xhenxhefil të bluar
disa pika raki
30 ml/2 lugë gjelle miell misri (miseshte misri)
2 vezë, të rrahura
100 g/4 oz/1 filxhan bukë të tharë
30 ml/2 lugë gjelle vaj kikiriku (kikiriku).
6 qepë (qepëza), të grira
1 spec i kuq, i prerë në kubikë
1 piper jeshil i prere ne kubik
30 ml/2 lugë salcë soje
30 ml/2 lugë mjaltë
30 ml/2 lugë gjelle uthull vere

Vendoseni pulën në një tas. Përziejmë salcat, chutney-n, hudhrën, xhenxhefilin dhe rakinë, i hedhim sipër pulës, e mbulojmë dhe e lëmë të marinohet për 2 orë. Kullojeni pulën dhe spërkatni me miell misri. Lyejeni vezët më pas thërrimet e bukës. Ngroheni vajin dhe më pas skuqeni pulën deri në kafe të artë. Hiqeni nga tigani. Shtoni perimet dhe i përzieni për 4 minuta më pas i hiqni. Kulloni vajin nga tigani më pas kthejeni pulën dhe perimet në tigan me përbërësit e mbetur. Lëreni të vlojë dhe ngroheni përpara se ta shërbeni.

Pulë e skuqur me kastravec

Shërben 4

225 g/8 oz mish pule

1 e bardhe veze

2,5 ml/½ lugë e vogël miell misri (miseshte misri)

kripë

½ kastravec

30 ml/2 lugë gjelle vaj kikiriku (kikiriku).

100 g/4 oz kërpudha butona

50 g/2 oz fidane bambuje, të prera në shirita

50 g/2 oz proshutë, të prerë në kubikë

15 ml/1 lugë gjelle ujë

2,5 ml/½ lugë kripë

2,5 ml/½ lugë çaji verë orizi ose sheri të thatë

2,5 ml/½ lugë vaj susami

Pritini pulën dhe e prisni në copa. Përziejini me të bardhën e vezës, miell misri dhe kripë dhe lëreni të qëndrojë. Përgjysmoni kastravecin për së gjati dhe priteni diagonalisht në feta të trasha. Ngrohni vajin dhe skuqeni pulën derisa të skuqet lehtë dhe më pas hiqeni nga tigani. Shtoni kërcellin e kastravecit dhe bambusë dhe i përzieni për 1 minutë. Kthejeni pulën në tigan me proshutë, ujë, kripë dhe verë ose sheri. Lëreni të vlojë dhe ziejini derisa pula të zbutet. Shërbejeni të spërkatur me vaj susami.

Chilli-Curry pule

Shërben 4

120 ml/4 ml oz/½ filxhan vaj kikiriku (kikiriku).
4 copa pule
1 qepë, e grirë
5 ml/1 lugë karri pluhur
5 ml/1 lugë salcë djegëse
15 ml/1 lugë gjelle verë orizi ose sheri të thatë
2,5 ml/½ lugë kripë
600 ml/1 pt/2½ filxhan lëng pule
15 ml/1 lugë gjelle miell misri (miseshte misri)
45 ml/3 lugë gjelle ujë
5 ml/1 lugë vaj susami

Ngrohni vajin dhe skuqni copat e pulës deri në kafe të artë nga të dyja anët dhe më pas i hiqni nga tigani. Shtoni qepën, pluhurin e kerit dhe salcën djegëse dhe skuqeni për 1 minutë. Shtoni verën ose sherin dhe kripën, përzieni mirë, më pas kthejeni pulën në tigan dhe përzieni përsëri. Shtoni lëngun, lëreni të vlojë dhe ziejini lehtë për rreth 30 minuta derisa pula të zbutet. Nëse salca nuk është reduktuar mjaftueshëm, përzieni miellin e misrit dhe ujin në një masë, përzieni pak në salcë dhe ziejini, duke e trazuar, derisa salca të trashet. Shërbejeni të spërkatur me vaj susami.

Curry pule kineze

Shërben 4

45 ml/3 lugë gjelle pluhur kerri

1 qepë, e prerë në feta

350 g/12 oz pulë, të prerë në kubikë

150 ml/¼ pt/bujare ½ filxhan lëng pule

5 ml/1 lugë kripë

10 ml/2 lugë miell misri (miseshte misri)

15 ml/1 lugë gjelle ujë

Ngrohni pluhurin e karrit dhe qepën në një tigan të thatë për 2 minuta, duke tundur tiganin që të lyhet qepa. Shtoni pulën dhe përzieni derisa të lyhet mirë me pluhur kerri. Shtoni lëngun dhe kripën, lëreni të vlojë, mbulojeni dhe ziejini për rreth 5 minuta derisa pula të zbutet. Përzieni miellin e misrit dhe ujin në një masë, përzieni në tigan dhe ziejini, duke e trazuar, derisa salca të trashet.

Pulë e shpejtë e pjekur

Shërben 4

450 g/1 lb gjoks pule, të prera në kubikë
45 ml/3 lugë gjelle verë orizi ose sheri të thatë
50 g/2 oz miell misri (miseshte misri)
1 e bardhe veze
kripë
150 ml/¼ pt/bujare ½ filxhan vaj kikiriku (kikiriku).
15 ml/1 lugë gjelle pluhur kerri
10 ml/2 lugë sheqer kaf
150 ml/¼ pt/bujare ½ filxhan lëng pule

Përzieni së bashku kubet e pulës dhe sherin. Rezervoni 10 ml/2 lugë miell misri. Rrihni të bardhën e vezës me miellin e mbetur të misrit dhe pak kripë dhe më pas e përzieni në pulë derisa të lyhet mirë. Ngroheni vajin dhe skuqeni pulën derisa të gatuhet dhe të marrë ngjyrë të artë. Hiqeni nga tigani dhe kulloni të gjithë, përveç 15 ml/1 lugë gjelle vaj. Hidhni miellin e rezervuar të misrit, karrin pluhur dhe sheqerin dhe skuqeni për 1 minutë. Përzieni lëngun, lëreni të vlojë dhe ziej duke e përzier vazhdimisht derisa salca të trashet. Kthejeni pulën në tigan, përzieni së bashku dhe ngroheni përsëri përpara se ta shërbeni.

Pulë e pjekur me patate

Shërben 4

45 ml/3 lugë gjelle vaj kikiriku (kikiriku).

2,5 ml/½ lugë kripë

1 thelpi hudhër, e shtypur

750 g/1½ paund pule, e prerë në kubikë

225 g/8 oz patate, të prera në kubikë

4 qepë, të prera në copa

15 ml/1 lugë gjelle pluhur kerri

450 ml/¾ pt/2 gota lëng pule

225 g/8 oz kërpudha, të prera në feta

Ngroheni vajin me kripën dhe hudhrën, shtoni pulën dhe skuqeni derisa të skuqet lehtë. Shtoni patatet, qepët dhe pluhurin e kerit dhe skuqini për 2 minuta. Shtoni lëngun, lëreni të ziejë, mbulojeni dhe ziejini për rreth 20 minuta derisa mishi i pulës të piqet, duke e përzier herë pas here. Shtoni kërpudhat, hiqni kapakun dhe ziejini për 10 minuta të tjera derisa lëngu të ulet.

Këmbët e pulës të skuqura thellë

Shërben 4
2 këmbë të mëdha pule, me kocka
2 qepe (qepe)
1 fetë xhenxhefil, të rrahur
120 ml/4 ml oz/½ filxhan salcë soje
5 ml/1 lugë çaji verë orizi ose sheri të thatë
vaj për tiganisje të thellë
5 ml/1 lugë vaj susami
piper i sapo bluar

Përhapeni mishin e pulës dhe grijeni në të gjithë. Rrahim 1 qepë të freskët dhe tjetrën e presim. Përzieni qepën e rrafshuar me xhenxhefil, salcë soje dhe verë ose sheri. Hidhni sipër pulën dhe lëreni të marinohet për 30 minuta. Hiqeni dhe kulloni. Vendoseni në një pjatë në një raft avulli dhe ziejini për 20 minuta.

Ngrohni vajin dhe skuqeni thellë pulën për rreth 5 minuta deri në kafe të artë. I heqim nga tava, i kullojmë mirë dhe i presim në feta trashë, më pas i rregullojmë fetat në një pjatë servirjeje të ngrohur. Ngrohni vajin e susamit, shtoni qepën e grirë dhe piperin, derdhni sipër pulës dhe shërbejeni.

Pule e skuqur thelle me salce kerri

Shërben 4

1 vezë e rrahur lehtë
30 ml/2 lugë gjelle miell misri (miseshte misri)
25 g/1 oz/¼ filxhan miell të thjeshtë (për të gjitha qëllimet).
2,5 ml/½ lugë kripë
225 g/8 oz pulë, e prerë në kubikë
vaj për tiganisje të thellë
30 ml/2 lugë gjelle vaj kikiriku (kikiriku).
30 ml/2 lugë gjelle pluhur kerri
60 ml/4 lugë gjelle verë orizi ose sheri të thatë

Rrihni vezën me miellin e misrit, miellin dhe kripën në masë të trashë. Hidhni sipër pulës dhe përzieni mirë që të mbulohet. Ngrohni vajin dhe skuqeni thellë pulën derisa të marrë ngjyrë kafe të artë dhe të gatuhet. Ndërkohë ngrohim vajin dhe skuqim pluhurin e kerit për 1 minutë. Përzieni verën ose sherin dhe lëreni të vlojë. Vendoseni pulën në një pjatë të ngrohur dhe derdhni sipër salcën e kerit.

Pulë e dehur

Shërben 4

450 g/1 lb fileto pule, e prerë në copa
60 ml/4 lugë salcë soje
30 ml/2 lugë gjelle salcë hoisin
30 ml/2 lugë gjelle salcë kumbulle
30 ml/2 lugë gjelle uthull vere
2 thelpinj hudhre, te shtypura
majë kripë
disa pika vaj speci
2 te bardha veze
60 ml/4 lugë miell misri (miell misri)
vaj për tiganisje të thellë
200 ml/½ pt/1¼ filxhan verë orizi ose sheri të thatë

Vendoseni pulën në një tas. Përziejmë salcat dhe uthullën e verës, hudhrën, kripën dhe vajin e djegës, i hedhim sipër pulës dhe e marinojmë në frigorifer për 4 orë. Rrihni të bardhat e vezëve derisa të jenë të forta dhe shtoni miellin e misrit. Hiqeni pulën nga marinada dhe lyejeni me përzierjen e të bardhës së vezës. Ngrohni vajin dhe skuqeni thellë pulën derisa të gatuhet dhe të marrë ngjyrë kafe të artë. Kullojini mirë në letër kuzhine dhe vendosini në një tas. Hidhni sipër verën ose sherin, mbulojeni dhe lëreni të marinohet në frigorifer për 12 orë. Hiqeni pulën nga vera dhe shërbejeni të ftohtë.

Pulë e shijshme me vezë

Shërben 4

30 ml/2 lugë gjelle vaj kikiriku (kikiriku).

4 copa pule

2 qepë (qepëza), të grira

1 thelpi hudhër, e shtypur

1 fetë rrënjë xhenxhefili, e prerë

175 ml/6 ml oz/¾ filxhan salcë soje

30 ml/2 lugë gjelle verë orizi ose sheri të thatë

30 ml/2 lugë gjelle sheqer kaf

5 ml/1 lugë kripë

375 ml/13 ml ons/1½ filxhan ujë

4 vezë të ziera (të ziera fort).

15 ml/1 lugë gjelle miell misri (miseshte misri)

Ngroheni vajin dhe skuqni copat e pulës deri në kafe të artë. Shtoni qepët, hudhrat dhe xhenxhefilin dhe skuqini për 2 minuta. Shtoni salcën e sojës, verën ose sherin, sheqerin dhe kripën dhe përziejini mirë së bashku. Shtoni ujin dhe lëreni të vlojë, mbulojeni dhe ziejini për 20 minuta. Shtoni vezët e ziera, mbulojeni dhe ziejini edhe për 15 minuta të tjera. Miellin e misrit e përziejmë me pak ujë, e përziejmë në salcë dhe e ziejmë duke e trazuar derisa salca të pastrohet dhe të trashet.

Rrotullat e vezëve të pulës

Shërben 4

4 kërpudha të thata kineze
100 g/4 oz pulë, të prerë në rripa
5 ml/1 lugë miell misri (miseshte misri)
15 ml/1 lugë gjelle salcë soje
2,5 ml/½ lugë kripë
2,5 ml/½ lugë sheqer
60 ml/4 lugë gjelle vaj kikiriku (kikiriku).
225 g/8 oz lakër fasule
3 qepë (qepëza), të grira
100 g/4 oz spinaq
12 lëkura rrotullash vezësh
1 vezë e rrahur
vaj për tiganisje të thellë

Thithni kërpudhat në ujë të ngrohtë për 30 minuta dhe më pas kullojini. Hidhni kërcellet dhe copëtoni kapakët. Vendoseni pulën në një tas. Përziejmë miellin e misrit me 5 ml/1 lugë salcë soje, kripën dhe sheqerin dhe e përziejmë pulën. Lëreni të qëndrojë për 15 minuta. Ngrohni gjysmën e vajit dhe skuqeni pulën derisa të skuqet lehtë. Zbardhni filizat e fasules në ujë të vluar për 3 minuta dhe më pas kullojini. Ngrohni vajin e mbetur dhe skuqni qepët deri sa të skuqen lehtë. Përzieni kërpudhat, lakër fasule, spinaq dhe salcën e mbetur të sojës. Shtoni mishin e pulës dhe skuqeni për 2 minuta. Lëreni të ftohet. Vendosni pak mbushje në qendër të çdo lëkure dhe lyeni skajet me vezë të rrahur. Palosni në anët dhe më pas rrotulloni rrotullat e vezëve, duke i mbyllur skajet me vezë. Ngrohni vajin dhe skuqni rrotullat e vezëve derisa të jenë të freskëta dhe të arta.

Pulë e pjekur me vezë

Shërben 4

30 ml/2 lugë gjelle vaj kikiriku (kikiriku).
4 fileto gjoks pule, të prera në rripa
1 spec i kuq, i prere ne rripa
1 spec jeshil, i prere ne rripa
45 ml/3 lugë salcë soje
45 ml/3 lugë gjelle verë orizi ose sheri të thatë
250 ml/8 ml oz/1 filxhan lëng pule
100 g/4 oz marule ajsberg, e grirë
5 ml/1 lugë sheqer kaf
30 ml/2 lugë gjelle salcë hoisin
kripë dhe piper
15 ml/1 lugë gjelle miell misri (miseshte misri)
30 ml/2 lugë gjelle ujë
4 vezë
30 ml/2 lugë sheri

Ngrohni vajin dhe skuqni pulën dhe specat deri në kafe të artë. Shtoni salcën e sojës, verën ose sherin dhe lëngun, lëreni të vlojë, mbulojeni dhe zieni për 30 minuta. Shtoni marulen, sheqerin dhe salcën hoisin dhe i rregulloni me kripë dhe piper. Përziejmë miellin e misrit dhe ujin, e përziejmë në salcë dhe e lëmë të vlojë duke e trazuar. Rrihni vezët me sheri dhe skuqini si omëletë të holla. Spërkateni me kripë dhe piper dhe grijeni në rripa. I rregullojmë në një enë servirjeje të ngrohur dhe i hedhim pulën me lugë.

Pulë e Lindjes së Largët

Shërben 4

60 ml/4 lugë gjelle vaj kikiriku (kikiriku).
450 g/1 lb mish pule, i prerë në copa
2 thelpinj hudhre, te shtypura
2,5 ml/½ lugë kripë
2 qepë, të grira
2 copë xhenxhefil me rrënjë, të copëtuara
45 ml/3 lugë salcë soje
30 ml/2 lugë gjelle salcë hoisin
45 ml/3 lugë gjelle verë orizi ose sheri të thatë
300 ml/½ pt/1¼ filxhan lëng pule
5 ml/1 lugë gjelle piper i sapo bluar
6 vezë të ziera (të ziera fort), të grira
15 ml/1 lugë gjelle miell misri (miseshte misri)
15 ml/1 lugë gjelle ujë

Ngroheni vajin dhe skuqeni pulën deri në kafe të artë. Shtoni hudhrën, kripën, qepët dhe xhenxhefilin dhe skuqini për 2 minuta. Shtoni salcën e sojës, salcën hoisin, verën ose sherin, lëngun dhe piperin. Lëreni të vlojë, mbulojeni dhe ziejini për 30 minuta. Shtoni vezët. Përziejmë miellin e misrit dhe ujin dhe e përziejmë në salcë. Lërini të vlojnë dhe ziejini duke e trazuar derisa salca të trashet.

Pule Foo Yung

Shërben 4

6 vezë, të rrahura
45 ml/3 lugë miell misri (miell misri)
100 g/4 oz kërpudha, të prera përafërsisht
225 g/8 oz gjoks pule, të prerë në kubikë
1 qepë, e grirë hollë
5 ml/1 lugë kripë
45 ml/3 lugë gjelle vaj kikiriku (kikiriku).

Rrihni vezët më pas rrihni në miell misri. Përziejini të gjithë përbërësit e mbetur përveç vajit. Ngrohni vajin. Hidheni përzierjen në tigan nga një herë për të bërë petulla të vogla rreth 7.5 cm/3 në gjerësi. Gatuani derisa pjesa e poshtme të marrë ngjyrë kafe të artë, më pas kthejeni dhe gatuajeni anën tjetër.

Proshutë dhe pulë Foo Yung

Shërben 4

6 vezë, të rrahura
45 ml/3 lugë miell misri (miell misri)
100 g/4 oz proshutë, të prerë në kubikë
225 g/8 oz gjoks pule, të prerë në kubikë
3 qepë (qepëza), të grira hollë
5 ml/1 lugë kripë
45 ml/3 lugë gjelle vaj kikiriku (kikiriku).

Rrihni vezët më pas rrihni në miell misri. Përziejini të gjithë përbërësit e mbetur përveç vajit. Ngrohni vajin. Hidheni përzierjen në tigan nga një herë për të bërë petulla të vogla rreth 7.5 cm/3 në gjerësi. Gatuani derisa pjesa e poshtme të marrë ngjyrë kafe të artë, më pas kthejeni dhe gatuajeni anën tjetër.

Pulë e skuqur me xhenxhefil

Shërben 4

1 pulë e përgjysmuar
4 feta rrënjë xhenxhefili, të grimcuara
30 ml/2 lugë gjelle verë orizi ose sheri të thatë
30 ml/2 lugë salcë soje
5 ml/1 lugë sheqer
vaj për tiganisje të thellë

Vendoseni pulën në një tas të cekët. Përzieni xhenxhefilin, verën ose sherin, salcën e sojës dhe sheqerin, hidheni sipër pulës dhe fërkojeni në lëkurë. Lëreni të marinohet për 1 orë. Ngrohni vajin dhe skuqeni pulën, gjysmë nga një, derisa të marrë një ngjyrë të lehtë. Hiqeni nga vaji dhe lëreni të ftohet pak derisa e ngrohni vajin. Kthejeni pulën në tigan dhe skuqeni derisa të marrë ngjyrë kafe të artë dhe të gatuhet. Kullojini mirë përpara se ta shërbeni.

Pulë me xhenxhefil

Shërben 4

225 g/8 oz pulë, e prerë në feta hollë
1 e bardhe veze
majë kripë
2,5 ml/½ lugë e vogël miell misri (miseshte misri)
15 ml/1 lugë gjelle vaj kikiriku (kikiriku).
10 feta rrënjë xhenxhefili
6 kërpudha të përgjysmuara
1 karotë, e prerë në feta
2 qepë (qepëza), të prera në feta
5 ml/1 lugë çaji verë orizi ose sheri të thatë
5 ml/1 lugë çaji ujë
2,5 ml/½ lugë vaj susami

Përziejmë pulën me të bardhën e vezës, kripën dhe miellin e misrit. Ngrohni gjysmën e vajit dhe skuqni pulën derisa të skuqet lehtë dhe më pas hiqeni nga tigani. Ngrohni vajin e mbetur dhe skuqni xhenxhefilin, kërpudhat, karotën dhe qepët e freskëta për 3 minuta. Kthejeni pulën në tigan me verë ose sheri dhe ujë dhe ziejini derisa pula të zbutet. Shërbejeni të spërkatur me vaj susami.

Pulë me xhenxhefil me kërpudha dhe gështenja

Shërben 4

60 ml/4 lugë gjelle vaj kikiriku (kikiriku).
225 g/8 oz qepë, të prera në feta
450 g/1 lb mish pule, i prerë në kubikë
100 g/4 oz kërpudha, të prera në feta
30 ml/2 lugë gjelle miell i thjeshtë (për të gjitha përdorimet).
60 ml/4 lugë salcë soje
10 ml/2 lugë sheqer
kripë dhe piper i sapo bluar
900 ml/1½ pt/3¾ filxhanë ujë të nxehtë
2 feta rrënjë xhenxhefili, të prera
450 g/1 lb gështenja uji

Ngroheni gjysmën e vajit dhe skuqni qepët për 3 minuta më pas i hiqni nga tigani. Ngrohni vajin e mbetur dhe skuqni pulën derisa të skuqet lehtë.

Shtoni kërpudhat dhe ziejini për 2 minuta. Spërkateni përzierjen me miell dhe më pas përzieni salcën e sojës, sheqerin, kripën dhe piperin. Hidhni ujin dhe xhenxhefilin, qepët dhe gështenjat. Lëreni të vlojë, mbulojeni dhe ziejini butësisht për 20 minuta. Hiqeni kapakun dhe vazhdoni të zieni butësisht derisa salca të jetë pakësuar.

Pulë e artë

Shërben 4

8 copa të vogla pule
300 ml/½ pt/1¼ filxhan lëng pule
45 ml/3 lugë salcë soje
15 ml/1 lugë gjelle verë orizi ose sheri të thatë
5 ml/1 lugë sheqer
1 rrënjë xhenxhefili të grirë në feta

Vendosni të gjithë përbërësit në një tigan të madh, lërini të vlojnë, mbulojeni dhe ziejini për rreth 30 minuta derisa pula të jetë gatuar plotësisht. Hiqeni kapakun dhe vazhdoni zierjen derisa salca të jetë pakësuar.

Zierje pule e artë e marinuar

Shërben 4

4 copa pule
300 ml/½ pt/1¼ filxhan salcë soje
vaj për tiganisje të thellë
4 qepë (qepëza), të prera në feta të trasha
1 fetë rrënjë xhenxhefil, e grirë
2 speca djegës të kuq, të prera në feta
3 karafil anise
50 g/2 oz fidane bambuje, të prera në feta
150 ml/1½ pt/½ filxhan bujare lëng pule
30 ml/2 lugë gjelle miell misri (miseshte misri)
60 ml/4 lugë gjelle ujë
5 ml/1 lugë vaj susami

Pritini pulën në copa të mëdha dhe marinoni në salcë soje për 10 minuta. E heqim dhe e kullojmë duke e rezervuar salcën e sojës. Ngrohni vajin dhe skuqeni thellë pulën për rreth 2 minuta derisa të skuqet lehtë. Hiqeni dhe kulloni. Hidhni të gjitha, përveç 30 ml/2 lugë gjelle vaj, më pas shtoni qepët e pranverës, xhenxhefilin, specat djegës dhe aniseun dhe skuqini për 1 minutë. Kthejeni pulën në tigan me kërcell bambuje dhe salcë soje të rezervuar dhe shtoni lëngun e mjaftueshëm për të mbuluar pulën.

Lëreni të vlojë dhe ziejini për rreth 10 minuta derisa pula të zbutet. E heqim pulën nga salca me një lugë të prerë dhe e vendosim në një enë servirjeje të ngrohur. Kullojeni salcën dhe më pas kthejeni në tigan. Përzieni miellin e misrit dhe ujin në një masë, përzieni në salcë dhe ziejini, duke e trazuar, derisa salca të trashet.

Monedha të arta

Shërben 4

4 fileto gjoks pule
30 ml/2 lugë mjaltë
30 ml/2 lugë gjelle uthull vere
30 ml/2 lugë gjelle ketchup domate (catsup)
30 ml/2 lugë salcë soje
majë kripë
2 thelpinj hudhre, te shtypura
5 ml/1 lugë çaji pluhur me pesë erëza
45 ml/3 lugë gjelle miell i thjeshtë (për përdorime).
2 vezë, të rrahura
5 ml/1 lugë gjelle xhenxhefil me rrënjë të grirë
5 ml/1 lugë e vogël lëkure limoni të grirë
100 g/4 oz/1 filxhan bukë të tharë
vaj për tiganisje të thellë

Vendoseni pulën në një tas. Përzieni së bashku mjaltin, uthullën e verës, ketchupin e domates, salcën e sojës, kripën, hudhrën dhe pluhurin me pesë erëza. Hidhni sipër pulën, përzieni mirë, mbulojeni dhe marinoni në frigorifer për 12 orë.

Hiqeni pulën nga marinada dhe prisni në shirita të trashë. Pluhuroni me miell. Rrihni vezët, xhenxhefilin dhe lëkurën e limonit. Lyejeni pulën me përzierjen dhe më pas me thërrimet e bukës derisa të mbulohen në mënyrë të barabartë. Ngrohni vajin dhe skuqeni thellë pulën deri në kafe të artë.

Pulë e zier në avull me proshutë

Shërben 4

4 porcione pule
100 g/4 oz proshutë të tymosur, të copëtuar
3 qepë (qepëza), të grira
15 ml/1 lugë gjelle vaj kikiriku (kikiriku).
kripë dhe piper i sapo bluar
15 ml/1 lugë gjelle majdanoz me gjethe të sheshta

Pritini pjesët e pulës në 5 cm/1 në copa dhe vendosini në një tas kundër furrës me proshutën dhe qepët e freskëta. I spërkasim me vaj dhe i rregullojmë me kripë e piper më pas i përziejmë përbërësit së bashku butësisht. Vendoseni enën në një raft në një avullore, mbulojeni dhe ziejini me ujë të vluar për rreth 40 minuta derisa pula të zbutet. Shërbejeni të zbukuruar me majdanoz.

Pulë me salcë hoisin

Shërben 4

4 porcione pule, të përgjysmuara
50 g/2 oz/½ filxhan miell misri (miseshte misri)
vaj për tiganisje të thellë
10 ml/2 lugë gjelle rrënjë xhenxhefili të grirë
2 qepë, të grira
225 g/8 oz lule brokoli
1 piper i kuq, i grire
225 g/8 oz kërpudha butona
250 ml/8 ml oz/1 filxhan lëng pule
45 ml/3 lugë gjelle verë orizi ose sheri të thatë
45 ml/3 lugë uthull musht
45 ml/3 lugë gjelle salcë hoisin
20 ml/4 lugë salcë soje

Lyejmë copat e pulës me gjysmën e miellit të misrit. Ngrohni vajin dhe skuqni copat e pulës disa nga një për rreth 8 minuta derisa të marrin ngjyrë kafe të artë dhe të gatuhen. E heqim nga tava dhe e kullojmë në letër kuzhine. Hiqni të gjitha, përveç 30 ml/2 lugë gjelle vaj nga tigani dhe skuqeni xhenxhefilin për 1 minutë. Shtoni qepët dhe skuqini për 1 minutë. Shtoni brokolin, piperin dhe kërpudhat dhe i përzieni për 2 minuta. Kombinoni lëngun me miell misri të rezervuar dhe përbërësit e mbetur dhe shtoni në tigan. Lërini të vlojnë duke e trazuar dhe gatuajeni derisa salca të pastrohet. Kthejeni pulën në wok dhe gatuajeni, duke e trazuar, për rreth 3 minuta derisa të nxehet.

Pulë me mjaltë

Shërben 4

30 ml/2 lugë gjelle vaj kikiriku (kikiriku).
4 copa pule
30 ml/2 lugë salcë soje
120 ml/4 ml oz/½ filxhan verë orizi ose sheri të thatë
30 ml/2 lugë mjaltë
5 ml/1 lugë kripë
1 qepë (krepë), e grirë
1 fetë rrënjë xhenxhefil, e prerë imët

Ngrohni vajin dhe skuqeni pulën derisa të skuqet nga të gjitha anët. Kullojeni vajin e tepërt. Përziejini së bashku përbërësit e mbetur dhe hidhini në tigan. Lëreni të vlojë, mbulojeni dhe ziejini për rreth 40 minuta derisa pula të jetë gatuar.

Pulë Kung Pao

Shërben 4

450 g/1 lb pule, e prerë në kubikë
1 e bardhe veze
5 ml/1 lugë kripë
30 ml/2 lugë gjelle miell misri (miseshte misri)
60 ml/4 lugë gjelle vaj kikiriku (kikiriku).
25 g/1 oz speca djegës të kuq të thatë, të prerë
5 ml/1 lugë hudhër të grirë
15 ml/1 lugë gjelle salcë soje
15 ml/1 lugë gjelle verë orizi ose sheri të thatë 5 ml/1 lugë sheqer
5 ml/1 lugë uthull vere
5 ml/1 lugë vaj susami
30 ml/2 lugë gjelle ujë

Vendoseni pulën në një tas me të bardhën e vezës, kripën dhe gjysmën e miellit të misrit dhe lëreni të marinohet për 30 minuta. Ngroheni vajin dhe skuqeni pulën derisa të skuqet lehtë dhe më pas hiqeni nga tigani. Ngroheni vajin dhe skuqni specat djegës dhe hudhrat për 2 minuta. Kthejeni pulën në tigan me salcën e sojës, verën ose sherin, sheqerin, uthullën e verës dhe vajin e susamit dhe skuqeni për 2 minuta. Përzieni miellin e misrit të mbetur me ujin, përzieni në tigan dhe ziejini duke e trazuar derisa salca të pastrohet dhe të trashet.

Pulë me presh

Shërben 4

30 ml/2 lugë gjelle vaj kikiriku (kikiriku).
5 ml/1 lugë kripë
225 g/8 oz presh, të prera në feta
1 fetë rrënjë xhenxhefili, e prerë
225 g/8 oz pulë, e prerë në feta hollë
15 ml/1 lugë gjelle verë orizi ose sheri të thatë
15 ml/1 lugë gjelle salcë soje

Ngroheni gjysmën e vajit dhe skuqni kripën dhe preshin derisa të marrin një ngjyrë kafe të lehtë dhe më pas i hiqni nga tigani. Ngrohni vajin e mbetur dhe skuqni xhenxhefilin dhe pulën derisa të skuqen lehtë. Shtoni verën ose sherin dhe salcën e sojës dhe skuqeni për 2 minuta të tjera derisa pula të jetë gatuar. Kthejeni preshin në tigan dhe përziejini së bashku derisa të nxehen. Shërbejeni menjëherë.

Pulë me limon

Shërben 4

4 gjoks pule me kocka
2 vezë
50 g/2 oz/½ filxhan miell misri (miseshte misri)
50 g/2 oz/½ filxhan miell të thjeshtë (për të gjitha qëllimet).
150 ml/¼ pt/½ filxhan bujar ujë
vaj kikiriku (kikiriku) për tiganisje
250 ml/8 ml oz/1 filxhan lëng pule
60 ml/5 lugë gjelle lëng limoni
30 ml/2 lugë gjelle verë orizi ose sheri të thatë
30 ml/2 lugë gjelle miell misri (miseshte misri)
30 ml/2 lugë gjelle pure domate (pastë)
1 kokë marule

Pritini çdo gjoks pule në 4 pjesë. Rrihni vezët, miellin e misrit dhe miellin e thjeshtë, duke shtuar ujë aq sa për të bërë një brumë të trashë. Vendosni copat e pulës në brumë dhe përziejini derisa të mbulohen plotësisht. Ngrohni vajin dhe skuqeni thellë pulën derisa të marrë ngjyrë kafe të artë dhe të gatuhet.

Ndërkohë përziejmë lëngun, lëngun e limonit, verën ose sherin, miellin e misrit dhe purenë e domates dhe e ngrohim butësisht duke e trazuar derisa masa të marrë valë. Ziejini lehtë, duke e përzier vazhdimisht, derisa salca të trashet dhe të pastrohet. Vendoseni pulën në një pjatë servirjeje të ngrohur në një shtrat me gjethe marule dhe ose hidheni mbi salcën ose shërbejeni veçmas.

Limon Chicken Stir-Fry

Shërben 4

450 g/1 lb pulë me kocka, të prera në feta
30 ml/2 lugë gjelle lëng limoni
15 ml/1 lugë gjelle salcë soje
15 ml/1 lugë gjelle verë orizi ose sheri të thatë
30 ml/2 lugë gjelle miell misri (miseshte misri)
30 ml/2 lugë gjelle vaj kikiriku (kikiriku).
2,5 ml/½ lugë kripë
2 thelpinj hudhre, te shtypura
50 g/2 oz gështenja me ujë, të prera në rripa
50 g/2 oz fidane bambuje, të prera në shirita
disa gjethe kineze, të prera në rripa
60 ml/4 lugë gjelle lëng pule
15 ml/1 lugë gjelle pure domate (pastë)
15 ml/1 lugë gjelle sheqer
15 ml/1 lugë gjelle lëng limoni

Vendoseni pulën në një tas. Përziejini së bashku lëngun e limonit, salcën e sojës, verën ose sherin dhe 15 ml/1 lugë miell misri, hidheni sipër pulës dhe lëreni të marinohet për 1 orë duke e kthyer herë pas here.

Ngroheni vajin, kripën dhe hudhrën derisa hudhra të skuqet lehtë, më pas shtoni pulën dhe marinadën dhe skuqeni për rreth 5 minuta derisa pula të skuqet lehtë. Shtoni gështenjat e ujit, lastarët e bambusë dhe gjethet kineze dhe skuqini për 3 minuta të tjera ose derisa pula të jetë gatuar. Shtoni përbërësit e mbetur dhe skuqini për rreth 3 minuta derisa salca të pastrohet dhe të trashet.

Mëlçitë e pulës me kërcell bambuje

Shërben 4

225 g/8 oz mëlçi pule, të prera në feta trashë
45 ml/3 lugë gjelle verë orizi ose sheri të thatë
45 ml/3 lugë gjelle vaj kikiriku (kikiriku).
15 ml/1 lugë gjelle salcë soje
100 g/4 oz fidane bambuje, të prera në feta
100 g/4 oz gështenja uji, të prera në feta
60 ml/4 lugë gjelle lëng pule
kripë dhe piper i sapo bluar

Përzieni mëlçitë e pulës me verën ose sherin dhe lëreni të qëndrojë për 30 minuta. Ngroheni vajin dhe skuqni mëlçitë e pulës derisa të skuqen lehtë. Shtoni marinadën, salcën e sojës, lastarët e bambusë, gështenjat e ujit dhe lëngun. Lërini të vlojnë dhe i rregulloni me kripë dhe piper. Mbulojeni dhe ziejini për rreth 10 minuta derisa të zbuten.

Mëlçitë e pulës të skuqura

Shërben 4

450 g/1 lb mëlçi pule, të përgjysmuar
50 g/2 oz/½ filxhan miell misri (miseshte misri)
vaj për tiganisje të thellë

Thajeni mëlçitë e pulës dhe më pas pudrosni me miell misri, duke shkundur çdo tepricë. Ngrohni vajin dhe skuqni mëlçitë e pulës për disa minuta derisa të marrin ngjyrë kafe të artë dhe të gatuhen. Kullojini në letër kuzhine përpara se ta shërbeni.

Mëlçitë e pulave me Mangetout

Shërben 4

225 g/8 oz mëlçi pule, të prera në feta trashë
10 ml/2 lugë miell misri (miseshte misri)
10 ml/2 lugë çaji verë orizi ose sheri të thatë
15 ml/1 lugë gjelle salcë soje
45 ml/3 lugë gjelle vaj kikiriku (kikiriku).
2,5 ml/½ lugë kripë
2 feta rrënjë xhenxhefili, të grira
100 g/4 oz mangeout (bizele bore)
10 ml/2 lugë miell misri (miseshte misri)
60 ml/4 lugë gjelle ujë

Vendosni mëlçitë e pulës në një tas. Shtoni miellin e misrit, verën ose sherin dhe salcën e sojës dhe përzieni mirë të lyhet. Ngrohni gjysmën e vajit dhe skuqni kripën dhe xhenxhefilin derisa të marrin një ngjyrë kafe të lehtë. Shtoni mangeout dhe skuqeni derisa të lyhet mirë me vaj dhe më pas hiqeni nga tigani. Ngrohni vajin e mbetur dhe skuqni mëlçitë e pulës për 5 minuta derisa të gatuhen. Përziejmë miellin e misrit dhe ujin në formë paste, e përziejmë në tigan dhe i ziejmë duke e trazuar derisa salca të pastrohet dhe të trashet. Kthejeni mangeout në tigan dhe ziejini derisa të nxehet.

Mëlçitë e pulës me petulla

Shërben 4

30 ml/2 lugë gjelle vaj kikiriku (kikiriku).
1 qepë, e prerë në feta
450 g/1 lb mëlçi pule, të përgjysmuar
2 kërcell selino, të prera në feta
120 ml/4 ml oz/½ filxhan lëng pule
15 ml/1 lugë gjelle miell misri (miseshte misri)
15 ml/1 lugë gjelle salcë soje
30 ml/2 lugë gjelle ujë
petulla me petë

Ngroheni vajin dhe skuqni qepën derisa të zbutet. Shtoni mëlçitë e pulës dhe skuqini derisa të marrin ngjyrë. Shtoni selinon dhe skuqeni për 1 minutë. Shtoni lëngun, lëreni të vlojë, mbulojeni dhe ziejini për 5 minuta. Përziejmë miellin e misrit, salcën e sojës dhe ujin në një masë pastë, e përziejmë në tigan dhe e ziejmë duke e trazuar derisa salca të pastrohet dhe të trashet. Masën e derdhim mbi petullën me petë dhe e shërbejmë.

Mëlçitë e pulës me salcë perle

Shërben 4

45 ml/3 lugë gjelle vaj kikiriku (kikiriku).
1 qepë, e grirë
225 g/8 oz mëlçi pule, të përgjysmuar
100 g/4 oz kërpudha, të prera në feta
30 ml/2 lugë gjelle salcë gocë deti
15 ml/1 lugë gjelle salcë soje
15 ml/1 lugë gjelle verë orizi ose sheri të thatë
120 ml/4 ml oz/½ filxhan lëng pule
5 ml/1 lugë sheqer
15 ml/1 lugë gjelle miell misri (miseshte misri)
45 ml/3 lugë gjelle ujë

Ngroheni gjysmën e vajit dhe skuqni qepën derisa të zbutet. Shtoni mëlçitë e pulës dhe skuqini derisa të marrin ngjyrë. Shtoni kërpudhat dhe skuqini për 2 minuta. Përziejmë salcën e gocave të detit, salcën e sojës, verën ose sherin, lëngun dhe sheqerin, e hedhim në tigan dhe e lëmë të vlojë duke e trazuar. Përzieni miellin e misrit dhe ujin në një masë, shtoni në tigan dhe ziejini duke e trazuar derisa salca të pastrohet dhe të trashet dhe mëlçitë të jenë të buta.

Mëlçitë e pulës me ananas

Shërben 4

225 g/8 oz mëlçi pule, të përgjysmuar
45 ml/3 lugë gjelle vaj kikiriku (kikiriku).
30 ml/2 lugë salcë soje
15 ml/1 lugë gjelle miell misri (miseshte misri)
15 ml/1 lugë gjelle sheqer
15 ml/1 lugë gjelle uthull vere
kripë dhe piper i sapo bluar
100 g/4 oz copa ananasi
60 ml/4 lugë gjelle lëng pule

Zbardhni mëlçitë e pulës në ujë të vluar për 30 sekonda dhe më pas kullojini. Ngrohni vajin dhe skuqni mëlçitë e pulës për 30 sekonda. Përzieni së bashku salcën e sojës, miellin e misrit, sheqerin, uthullën e verës, kripën dhe piperin, derdhni në tigan dhe përzieni mirë që të lyhen mëlçitë e pulës. Shtoni copat e ananasit dhe lëngun dhe skuqeni për rreth 3 minuta derisa mëlçitë të jenë gatuar.

Mëlçitë e pulave të ëmbla dhe të tharta

Shërben 4

30 ml/2 lugë gjelle vaj kikiriku (kikiriku).
450 g/1 lb mëlçi pule, të prera në katër pjesë
2 speca jeshil, të prerë në copa
4 feta ananasi të konservuar, të prera në copa
60 ml/4 lugë gjelle lëng pule
30 ml/2 lugë gjelle miell misri (miseshte misri)
10 ml/2 lugë salcë soje
100 g/4 oz/½ filxhan sheqer
120 ml/4 ml oz/½ filxhan uthull vere
120 ml/4 ml oz/½ filxhan ujë

Ngrohni vajin dhe skuqni mëlçitë derisa të skuqen lehtë dhe më pas transferojini në një enë servirjeje të ngrohur. Shtoni specat në tigan dhe skuqini për 3 minuta. Shtoni ananasin dhe lëngun, lëreni të vlojë, mbulojeni dhe ziejini për 15 minuta. Përziejini përbërësit e mbetur në një masë paste, përzieni në tigan dhe ziejini, duke e trazuar, derisa salca të trashet. Hidhni sipër mëlçitë e pulës dhe shërbejeni.

Pulë me lychees

Shërben 4

3 gjoks pule
60 ml/4 lugë miell misri (miell misri)
45 ml/3 lugë gjelle vaj kikiriku (kikiriku).
5 qepë (qepëza), të prera në feta
1 piper i kuq, i prere ne copa
120 ml/4 ml oz/½ filxhan salcë domate
120 ml/4 ml oz/½ filxhan lëng pule
5 ml/1 lugë sheqer
275 g/10 oz lyche të qëruara

Pritini gjokset e pulës përgjysmë dhe hiqini dhe hidhni kockat dhe lëkurën. Pritini çdo gjoks në 6. Rezervoni 5 ml/1 lugë miell misri dhe hidhni pulën në pjesën e mbetur derisa të lyhet mirë. Ngrohni vajin dhe skuqeni pulën për rreth 8 minuta deri në kafe të artë. Shtoni qepët dhe piperin dhe skuqini për 1 minutë. Përziejmë së bashku salcën e domates, gjysmën e lëngut dhe sheqerin dhe e trazojmë në wok me lychees. Lëreni të vlojë, mbulojeni dhe ziejini për rreth 10 minuta derisa pula të jetë gatuar. Përzieni miellin e rezervuar të misrit dhe lëngun dhe më pas përzieni në tigan. Ziejini duke e trazuar derisa salca të pastrohet dhe të trashet.

Pulë me salcë Lychee

Shërben 4

225 g/8 oz pule
1 qepë (lupë)
4 gështenja uji
30 ml/2 lugë gjelle miell misri (miseshte misri)
45 ml/3 lugë salcë soje
30 ml/2 lugë gjelle verë orizi ose sheri të thatë
2 te bardha veze
vaj për tiganisje të thellë
400 g/14 oz liçe të konservuara në shurup
5 lugë gjelle lëng pule

Grini (bluani) pulën me qepën dhe gështenjat e ujit. Përzieni gjysmën e miellit të misrit, 30 ml/2 lugë salcë soje, verën ose sherin dhe të bardhat e vezëve. Formoni përzierjen në topa në madhësinë e arrës. Ngrohni vajin dhe skuqeni thellë pulën deri në kafe të artë. I kullojmë në letër kuzhine.

Ndërkohë ngrohim butësisht shurupin e lychee me lëngun dhe salcën e sojës të rezervuar. Përzieni miellin e misrit të mbetur me pak ujë, përzieni në tigan dhe ziejini duke e trazuar derisa salca të pastrohet dhe të trashet. I përziejmë lychees dhe i ziejmë lehtë që të ngrohen. E rregullojmë pulën në një pjatë servirjeje të ngrohur, e hedhim sipër lychees dhe salcën dhe e shërbejmë menjëherë.

Pulë me Mangetout

Shërben 4

225 g/8 oz pulë, e prerë në feta hollë
5 ml/1 lugë miell misri (miseshte misri)
5 ml/1 lugë çaji verë orizi ose sheri të thatë
5 ml/1 lugë vaj susami
1 e bardhe veze e rrahur lehte
45 ml/3 lugë gjelle vaj kikiriku (kikiriku).
1 thelpi hudhër, e shtypur
1 fetë rrënjë xhenxhefil, e grirë
100 g/4 oz mangeout (bizele bore)
120 ml/4 ml oz/½ filxhan lëng pule
kripë dhe piper i sapo bluar

Përzieni pulën me miell misri, verë ose sheri, vaj susami dhe të bardhën e vezës. Ngrohni gjysmën e vajit dhe skuqni hudhrën dhe xhenxhefilin derisa të skuqen lehtë. Shtoni pulën dhe skuqeni derisa të marrë ngjyrë të artë dhe më pas hiqeni nga tigani. Ngrohni vajin e mbetur dhe skuqni mangeout për 2 minuta. Shtoni lëngun, lëreni të vlojë, mbulojeni dhe ziejini për 2 minuta.

E kthejmë pulën në tigan dhe e rregullojmë me kripë dhe piper. Ziejini lehtë derisa të nxehet.

Pulë me mango

Shërben 4

100 g/4 oz/1 filxhan miell të thjeshtë (për të gjitha qëllimet).
250 ml/8 ml oz/1 filxhan ujë
2,5 ml/½ lugë kripë
majë pluhur pjekjeje
3 gjoks pule
vaj për tiganisje të thellë
1 fetë rrënjë xhenxhefil, e grirë
150 ml/¼ pt/bujare ½ filxhan lëng pule
45 ml/3 lugë gjelle uthull vere
45 ml/3 lugë gjelle verë orizi ose sheri të thatë
20 ml/4 lugë salcë soje
10 ml/2 lugë sheqer
10 ml/2 lugë miell misri (miseshte misri)
5 ml/1 lugë vaj susami
5 qepë (qepëza), të prera në feta
400 g/11 oz mango të konservuara, të kulluara dhe të prera në rripa

Rrihni së bashku miellin, ujin, kripën dhe pluhurin për pjekje. Lëreni të qëndrojë për 15 minuta. Hiqni dhe hidhni lëkurën dhe kockat e pulës. Pritini pulën në shirita të hollë. Përziejini këto në përzierjen e miellit. Ngroheni vajin dhe skuqeni pulën për rreth 5 minuta derisa të marrë ngjyrë kafe të artë. E heqim nga tava dhe e kullojmë në letër kuzhine. Hiqni të gjithë, përveç 15 ml/1 lugë gjelle vaj nga wok dhe skuqni xhenxhefilin derisa të skuqet lehtë. Përzieni lëngun me uthullën e verës, verën ose sherin, salcën e sojës, sheqerin, miellin e misrit dhe vajin e susamit. Shtoni në tigan dhe lëreni të vlojë duke e trazuar. Shtoni qepët dhe ziejini për 3 minuta. Shtoni pulën dhe mangon dhe ziejini duke e trazuar për 2 minuta.

Pjepër i mbushur me pulë

Shërben 4

350 g/12 oz mish pule

6 gështenja uji

2 fiston të prerë

4 feta rrënjë xhenxhefili

5 ml/1 lugë kripë

15 ml/1 lugë gjelle salcë soje

600 ml/1 pt/2½ filxhan lëng pule

8 pjepër pjepër të vegjël ose 4 të mesëm

Pritini imët pulën, gështenjat, fiston dhe xhenxhefilin dhe përzieni me kripën, salcën e sojës dhe lëngun. Pritini majat e pjeprit dhe hiqni farat. Rrahni skajet e sipërme. Mbushni pjeprin me përzierjen e pulës dhe vendoseni në një raft në një avullore. Ziejini me avull mbi ujë të vluar për 40 minuta derisa pula të gatuhet.

Pulë dhe kërpudha Stir-Fry

Shërben 4

45 ml/3 lugë gjelle vaj kikiriku (kikiriku).
1 thelpi hudhër, e shtypur
1 qepë (krepë), e grirë
1 fetë rrënjë xhenxhefil, e grirë
225 g/8 oz gjoks pule, të prerë në copa
225 g/8 oz kërpudha butona
45 ml/3 lugë salcë soje
15 ml/1 lugë gjelle verë orizi ose sheri të thatë
5 ml/1 lugë miell misri (miseshte misri)

Ngrohni vajin dhe skuqni hudhrën, qepën dhe xhenxhefilin derisa të skuqen lehtë. Shtoni pulën dhe skuqeni për 5 minuta. Shtoni kërpudhat dhe skuqini për 3 minuta. Shtoni salcën e sojës, verën ose sherin dhe miellin e misrit dhe skuqeni për rreth 5 minuta derisa pula të gatuhet.

Pulë me kërpudha dhe kikirikë

Shërben 4

30 ml/2 lugë gjelle vaj kikiriku (kikiriku).
2 thelpinj hudhre, te shtypura
1 fetë rrënjë xhenxhefil, e grirë
450 g/1 lb pulë me kocka, të prera në kubikë
225 g/8 oz kërpudha butona
100 g/4 oz fidane bambuje, të prera në rripa
1 spec jeshil, i prerë në kubikë
1 spec i kuq, i prerë në kubikë
250 ml/8 ml oz/1 filxhan lëng pule
30 ml/2 lugë gjelle verë orizi ose sheri të thatë
15 ml/1 lugë gjelle salcë soje
15 ml/1 lugë gjelle salcë tabasko
30 ml/2 lugë gjelle miell misri (miseshte misri)
30 ml/2 lugë gjelle ujë

Ngrohni vajin, hudhrën dhe xhenxhefilin derisa hudhra të marrë një ngjyrë të lehtë të artë. Shtoni mishin e pulës dhe skuqeni derisa të skuqet lehtë. Shtoni kërpudhat, kërcellet e bambusë dhe specat dhe i skuqni për 3 minuta. Shtoni lëngun, verën ose sherin, salcën e sojës dhe salcën tabasko dhe lërini të ziejnë duke e trazuar. Mbulojeni dhe ziejini për rreth 10 minuta derisa pula të jetë gatuar plotësisht. Përziejmë së bashku miellin e misrit dhe ujin dhe i përziejmë në salcë. Ziejini duke e trazuar derisa salca të pastrohet dhe të trashet, duke shtuar edhe pak lëng ose ujë nëse salca është shumë e trashë.

Pulë e skuqur me kërpudha

Shërben 4

6 kërpudha të thata kineze
1 gjoks pule, të prerë hollë
1 fetë rrënjë xhenxhefil, e grirë
2 qepe (qepe), te grira
15 ml/1 lugë gjelle miell misri (miseshte misri)
15 ml/1 lugë gjelle verë orizi ose sheri të thatë
30 ml/2 lugë gjelle ujë
2,5 ml/½ lugë kripë
45 ml/3 lugë gjelle vaj kikiriku (kikiriku).
225 g/8 oz kërpudha, të prera në feta
100 g/4 oz lakër fasule
15 ml/1 lugë gjelle salcë soje
5 ml/1 lugë sheqer
120 ml/4 ml oz/½ filxhan lëng pule

Thithni kërpudhat në ujë të ngrohtë për 30 minuta dhe më pas kullojini. Hidhni kërcellet dhe pritini kapakët. Vendoseni pulën në një tas. Përziejmë xhenxhefilin, qepën, miellin e misrit, verën ose sherin, ujin dhe kripën, e përziejmë në mishin e pulës dhe e lëmë të qëndrojë për 1 orë. Ngroheni gjysmën e vajit dhe skuqeni pulën derisa të skuqet lehtë dhe më pas hiqeni nga tigani. Ngrohni vajin e mbetur dhe skuqni kërpudhat e thata dhe të freskëta dhe filizat e fasules për 3 minuta. Shtoni salcën e sojës, sheqerin dhe lëngun, lëreni të vlojë, mbulojeni dhe ziejini për 4 minuta derisa perimet të zbuten. Kthejeni pulën në tigan, përzieni mirë dhe ngroheni butësisht përpara se ta shërbeni.

Pulë e zier në avull me kërpudha

Shërben 4

4 copa pule
30 ml/2 lugë gjelle miell misri (miseshte misri)
30 ml/2 lugë salcë soje
3 qepë (qepëza), të grira
2 feta rrënjë xhenxhefil, të prera
2,5 ml/½ lugë kripë
100 g/4 oz kërpudha, të prera në feta

Pritini copat e pulës në copa 5 cm/2 dhe vendosini në një tas kundër furrës. Përzieni miellin e misrit dhe salcën e sojës në një pastë, përzieni qepët e pranverës, xhenxhefilin dhe kripën dhe përzieni mirë me pulën. Përziejini butësisht kërpudhat. Vendoseni tasin në një raft në një avullore, mbulojeni dhe ziejini me ujë të vluar për rreth 35 minuta derisa pula të zbutet.

Pulë me qepë

Shërben 4

60 ml/4 lugë gjelle vaj kikiriku (kikiriku).
2 qepë, të grira
450 g/1 lb pule, e prerë në feta
30 ml/2 lugë gjelle verë orizi ose sheri të thatë
250 ml/8 ml oz/1 filxhan lëng pule
45 ml/3 lugë salcë soje
30 ml/2 lugë gjelle miell misri (miseshte misri)
45 ml/3 lugë gjelle ujë

Ngrohni vajin dhe skuqni qepët derisa të skuqen lehtë. Shtoni pulën dhe skuqeni derisa të skuqet lehtë. Shtoni verën ose sherin, lëngun dhe salcën e sojës, lëreni të ziejë, mbulojeni dhe ziejini për 25 minuta derisa pula të zbutet. Përzieni miellin e misrit dhe ujin në një masë, përzieni në tigan dhe ziejini, duke e trazuar, derisa salca të pastrohet dhe të trashet.

Pulë me portokall dhe limon

Shërben 4

350 g/1 lb mish pule, i prerë në rripa
30 ml/2 lugë gjelle vaj kikiriku (kikiriku).
2 thelpinj hudhre, te shtypura
2 feta rrënjë xhenxhefili, të grira
lëkura e grirë e ½ portokalli
lëkura e grirë e ½ limoni
45 ml/3 lugë gjelle lëng portokalli
45 ml/3 lugë gjelle lëng limoni
15 ml/1 lugë gjelle salcë soje
3 qepë (qepëza), të grira
15 ml/1 lugë gjelle miell misri (miseshte misri)
45 ml/1 lugë gjelle ujë

Ziejeni pulën në ujë të vluar për 30 sekonda dhe më pas kullojeni. Ngrohni vajin dhe skuqni hudhrën dhe xhenxhefilin për 30 sekonda. Shtoni lëkurën dhe lëngun e portokallit dhe limonit, salcën e sojës dhe qepët e freskëta dhe skuqini për 2 minuta. Shtoni pulën dhe ziejini për disa minuta derisa pula të zbutet. Përzieni miellin e misrit dhe ujin në një masë paste, përzieni në tigan dhe ziejini, duke e trazuar, derisa salca të trashet.

Pulë me salcë perle

Shërben 4

30 ml/2 lugë gjelle vaj kikiriku (kikiriku).
1 thelpi hudhër, e shtypur
1 fetë xhenxhefil, të prerë imët
450 g/1 lb pule, e prerë në feta
250 ml/8 ml oz/1 filxhan lëng pule
30 ml/2 lugë gjelle salcë gocë deti
15 ml/1 lugë gjelle verë oriz ose sheri
5 ml/1 lugë sheqer

Ngroheni vajin me hudhrën dhe xhenxhefilin dhe skuqeni derisa të marrin një ngjyrë kafe të lehtë. Shtoni pulën dhe skuqeni për rreth 3 minuta derisa të skuqet lehtë. Shtoni lëngun, salcën e gocave, verën ose sherin dhe sheqerin, lërini të ziejnë duke e trazuar, më pas mbulojeni dhe ziejini për rreth 15 minuta, duke e përzier herë pas here, derisa pula të zihet. Hiqeni kapakun dhe vazhdoni të gatuani duke e trazuar për rreth 4 minuta derisa salca të jetë pakësuar dhe trashur.

Pako me pule

Shërben 4

225 g/8 oz pule
30 ml/2 lugë gjelle verë orizi ose sheri të thatë
30 ml/2 lugë salcë soje
letër e dylluar ose pergamenë për pjekje
30 ml/2 lugë gjelle vaj kikiriku (kikiriku).
vaj për tiganisje të thellë

Pritini pulën në kubikë 5 cm/2. Përziejmë verën ose sherin dhe salcën e sojës, i hedhim sipër pulës dhe e trazojmë mirë. Mbulojeni dhe lëreni të qëndrojë për 1 orë, duke e përzier herë pas here. Prisni letrën në 10 cm/4 në katrorë dhe lyejeni me vaj. Kullojeni mirë pulën. Vendosni një copë letër në sipërfaqen e punës me një cep të drejtuar nga ju. Vendosni një copë pule në shesh pak poshtë qendrës, palosni këndin e poshtëm dhe paloseni përsëri për të mbyllur pulën. Palosni në anët dhe më pas palosni këndin e sipërm për të siguruar parcelën. Ngrohni vajin dhe skuqni paketat e pulës për rreth 5 minuta derisa të gatuhen. Shërbejeni të nxehtë në parcela që të ftuarit të hapen vetë.

Pulë me kikirikë

Shërben 4

225 g/8 oz pulë, e prerë në feta hollë
1 e bardhe veze e rrahur lehte
10 ml/2 lugë miell misri (miseshte misri)
45 ml/3 lugë gjelle vaj kikiriku (kikiriku).
1 thelpi hudhër, e shtypur
1 fetë rrënjë xhenxhefil, e grirë
2 presh të grira
30 ml/2 lugë salcë soje
15 ml/1 lugë gjelle verë orizi ose sheri të thatë
100 g/4 oz kikirikë të pjekur

Përzieni pulën me të bardhën e vezës dhe miell misri derisa të lyhet mirë. Ngrohni gjysmën e vajit dhe skuqeni pulën deri në kafe të artë dhe më pas hiqeni nga tigani. Ngrohni vajin e mbetur dhe skuqni hudhrën dhe xhenxhefilin derisa të zbuten. Shtoni preshin dhe skuqeni derisa të marrin një ngjyrë kafe të lehtë. Përzieni salcën e sojës dhe verën ose sherin dhe ziejini për 3 minuta. Kthejeni pulën në tigan me kikirikë dhe ziejini lehtë derisa të nxehet.

Pulë me gjalpë kikiriku

Shërben 4

4 gjoks pule, të prera në kubikë
kripë dhe piper i sapo bluar
5 ml/1 lugë çaji pluhur me pesë erëza
45 ml/3 lugë gjelle vaj kikiriku (kikiriku).
1 qepë e prerë në kubikë
2 karota, të prera në kubikë
1 shkop selino, të prerë në kubikë
300 ml/½ pt/1¼ filxhan lëng pule
10 ml/2 lugë pure domate (pastë)
100 g/4 oz gjalpë kikiriku
15 ml/1 lugë gjelle salcë soje
10 ml/2 lugë miell misri (miseshte misri)
majë sheqer kaf
15 ml/1 lugë gjelle qiqra të grira

E rregullojmë pulën me kripë, piper dhe pluhur me pesë erëza. Ngrohni vajin dhe skuqeni pulën derisa të zbutet. Hiqeni nga tigani. Shtoni perimet dhe skuqini derisa të zbuten, por ende të freskëta. Përzieni lëngun me përbërësit e mbetur përveç qiqrave, përzieni në tigan dhe lëreni të vlojë. Kthejeni pulën në tigan dhe ngroheni duke e trazuar. Shërbejeni të spërkatur me sheqer.

Pulë me bizele

Shërben 4

60 ml/4 lugë gjelle vaj kikiriku (kikiriku).
1 qepë, e grirë
450 g/1 paund pule, e prerë në kubikë
kripë dhe piper i sapo bluar
100 g/4 oz bizele
2 kërcell selino, të grira
100 g/4 oz kërpudha, të copëtuara
250 ml/8 ml oz/1 filxhan lëng pule
15 ml/1 lugë gjelle miell misri (miseshte misri)
15 ml/1 lugë gjelle salcë soje
60 ml/4 lugë gjelle ujë

Ngroheni vajin dhe skuqni qepën derisa të skuqet lehtë. Shtoni pulën dhe skuqeni derisa të marrë ngjyrë. I rregullojmë me kripë dhe piper dhe i shtojmë bizelet, selinon dhe kërpudhat dhe i trazojmë mirë. Shtoni lëngun, lëreni të vlojë, mbulojeni dhe ziejini për 15 minuta. Përzieni miellin e misrit, salcën e sojës dhe ujin në një pastë, përzieni në tigan dhe ziejini, duke e trazuar, derisa salca të pastrohet dhe të trashet.

Pulë Pekini

Shërben 4

4 porcione pule
kripë dhe piper i sapo bluar
5 ml/1 lugë sheqer
1 qepë (krepë), e grirë
1 fetë rrënjë xhenxhefil, e grirë
15 ml/1 lugë gjelle salcë soje
15 ml/1 lugë gjelle verë orizi ose sheri të thatë
15 ml/1 lugë gjelle miell misri (miseshte misri)
vaj për tiganisje të thellë

Vendosni pjesët e pulës në një tas të cekët dhe spërkatni me kripë dhe piper. Përziejmë sheqerin, qepën, xhenxhefilin, salcën e sojës dhe verën ose sherin, e lyejmë me pulën, e mbulojmë dhe e lëmë të marinohet për 3 orë. Kullojeni pulën dhe spërkatni me miell misri. Ngrohni vajin dhe skuqeni thellë pulën derisa të marrë ngjyrë kafe të artë dhe të gatuhet. Kullojini mirë përpara se ta shërbeni.

Pulë me speca

Shërben 4

60 ml/4 lugë salcë soje
45 ml/3 lugë gjelle verë orizi ose sheri të thatë
45 ml/3 lugë miell misri (miell misri)
450 g/1 lb pulë, e grirë (i bluar)
60 ml/4 lugë gjelle vaj kikiriku (kikiriku).
2,5 ml/½ lugë kripë
2 thelpinj hudhre, te shtypura
2 speca të kuq, të prera në kubikë
1 spec jeshil, i prerë në kubikë
5 ml/1 lugë sheqer
300 ml/½ pt/1 ¼ filxhan lëng pule

Përziejini së bashku gjysmën e salcës së sojës, gjysmën e verës ose sherit dhe gjysmën e miellit të misrit. Hidhni sipër pulës, përzieni mirë dhe lëreni të marinohet për të paktën 1 orë. Ngroheni gjysmën e vajit me kripën dhe hudhrën derisa hudhra të skuqet lehtë. Shtoni pulën dhe marinadën dhe skuqeni për rreth 4 minuta derisa pula të zbardhet më pas hiqeni nga tigani. Shtoni vajin e mbetur në tigan dhe skuqni specat për 2 minuta. Shtoni sheqerin në tigan me salcën e mbetur të sojës, verën ose sherin dhe miellin e misrit dhe përziejini mirë. Shtoni lëngun, lëreni të vlojë dhe ziejini duke e trazuar derisa salca të trashet. Kthejeni pulën në tigan, mbulojeni dhe ziejini për 4 minuta derisa pula të jetë gatuar.

Pulë e skuqur me speca

Shërben 4

1 gjoks pule, të prerë hollë
2 feta rrënjë xhenxhefili, të grira
2 qepe (qepe), te grira
15 ml/1 lugë gjelle miell misri (miseshte misri)
30 ml/2 lugë gjelle verë orizi ose sheri të thatë
30 ml/2 lugë gjelle ujë
2,5 ml/½ lugë kripë
45 ml/3 lugë gjelle vaj kikiriku (kikiriku).
100 g/4 oz gështenja uji, të prera në feta
1 spec i kuq, i prere ne rripa
1 spec jeshil, i prere ne rripa
1 spec të verdhë, të prerë në rripa
30 ml/2 lugë salcë soje
120 ml/4 ml oz/½ filxhan lëng pule

Vendoseni pulën në një tas. Përziejmë xhenxhefilin, qepën, miellin e misrit, verën ose sherin, ujin dhe kripën, e përziejmë në mishin e pulës dhe e lëmë të qëndrojë për 1 orë. Ngroheni gjysmën e vajit dhe skuqeni pulën derisa të skuqet lehtë dhe më pas hiqeni nga tigani. Ngrohni vajin e mbetur dhe skuqni gështenjat me ujë dhe specat për 2 minuta. Shtoni salcën e sojës dhe lëngun, lëreni të vlojë, mbulojeni dhe ziejini për 5 minuta derisa perimet të zbuten. Kthejeni pulën në tigan, përzieni mirë dhe ngroheni butësisht përpara se ta shërbeni.

Pulë dhe ananas

Shërben 4

30 ml/2 lugë gjelle vaj kikiriku (kikiriku).
5 ml/1 lugë kripë
2 thelpinj hudhre, te shtypura
450 g/1 lb pulë me kocka, e prerë në feta hollë
2 qepë, të prera në feta
100 g/4 oz gështenja uji, të prera në feta
100 g/4 oz copa ananasi
30 ml/2 lugë gjelle verë orizi ose sheri të thatë
450 ml/¾ pt/2 gota lëng pule
5 ml/1 lugë sheqer
piper i sapo bluar
30 ml/2 lugë gjelle lëng ananasi
30 ml/2 lugë salcë soje
30 ml/2 lugë gjelle miell misri (miseshte misri)

Ngrohni vajin, kripën dhe hudhrën derisa hudhra të marrë një ngjyrë të artë të lehtë. Shtoni pulën dhe skuqeni për 2 minuta. Shtoni qepët, gështenjat e ujit dhe ananasin dhe i skuqni për 2 minuta. Shtoni verën ose sherin, lëngun dhe sheqerin dhe i rregulloni me piper. Lëreni të vlojë, mbulojeni dhe zienini për 5 minuta. Përzieni së bashku lëngun e ananasit, salcën e sojës dhe miellin e misrit. Përzieni në tigan dhe ziejini duke e trazuar derisa salca të trashet dhe të pastrohet.

Pulë me ananas dhe lychees

Shërben 4

30 ml/2 lugë gjelle vaj kikiriku (kikiriku).
225 g/8 oz pulë, e prerë në feta hollë
1 fetë rrënjë xhenxhefil, e grirë
15 ml/1 lugë gjelle salcë soje
15 ml/1 lugë gjelle verë orizi ose sheri të thatë
200 g/7 oz copa ananasi të konservuara në shurup
200 g/7 oz liçe të konservuara në shurup
15 ml/1 lugë gjelle miell misri (miseshte misri)

Ngrohni vajin dhe skuqeni pulën derisa të marrë një ngjyrë të lehtë. Shtoni salcën e sojës dhe verën ose sherin dhe përzieni mirë. Matni 250 ml/8 floz/1 filxhan shurup të përzier ananasi dhe lychee dhe rezervoni 30 ml/2 lugë gjelle. Shtoni pjcsën tjctër në tigan, lëreni të vlojë dhe ziejini për disa minuta derisa pula të zbutet. Shtoni copat e ananasit dhe lychees. Përzieni miellin e misrit me shurupin e rezervuar, përzieni në tigan dhe ziejini duke e trazuar derisa salca të pastrohet dhe të trashet.

Pulë me mish derri

Shërben 4

1 gjoks pule, të prerë hollë
100 g/4 oz mish derri pa dhjamë, i prerë në feta hollë
60 ml/4 lugë salcë soje
15 ml/1 lugë gjelle miell misri (miseshte misri)
1 e bardhe veze
45 ml/3 lugë gjelle vaj kikiriku (kikiriku).
3 feta rrënjë xhenxhefili, të prera
50 g/2 oz fidane bambuje, të prera në feta
225 g/8 oz kërpudha, të prera në feta
225 g/8 oz gjethe kineze, të grira
120 ml/4 ml oz/½ filxhan lëng pule
30 ml/2 lugë gjelle ujë

Përziejini së bashku mishin e pulës dhe derrit. Përzieni salcën e sojës, 5 ml/1 lugë miell misri dhe të bardhën e vezës dhe përzieni mishin e pulës dhe derrit. Lëreni të qëndrojë për 30 minuta. Ngrohni gjysmën e vajit dhe skuqni pulën dhe mishin e derrit derisa të skuqen lehtë dhe më pas i hiqni nga tigani. Ngrohni vajin e mbetur dhe skuqni xhenxhefilin, lastarët e bambusë, kërpudhat dhe gjethet kineze derisa të lyhen mirë me vaj. Shtoni lëngun dhe lëreni të vlojë. Kthejeni përzierjen e pulës në tigan, mbulojeni dhe ziejini për rreth 3 minuta derisa mishi të zbutet. Përzieni pjesën e mbetur të miellit të misrit në një masë me ujin, përzieni në salcë dhe ziejini, duke e trazuar, derisa salca të trashet. Shërbejeni menjëherë.

Pule e pjekur me patate

Shërben 4

4 copa pule
45 ml/3 lugë gjelle vaj kikiriku (kikiriku).
1 qepë, e prerë në feta
1 thelpi hudhër, e shtypur
2 feta rrënjë xhenxhefili, të grira
450 ml/¾ pt/2 gota ujë
45 ml/3 lugë salcë soje
15 ml/1 lugë gjelle sheqer kaf
2 patate, të prera në kubikë

Pritini pulën në copa 5 cm/2. Ngrohni vajin dhe skuqni qepën, hudhrën dhe xhenxhefilin derisa të skuqen lehtë. Shtoni pulën dhe skuqeni derisa të skuqet lehtë. Shtoni ujin dhe salcën e sojës dhe lërini të vlojnë. Hidhni sheqerin, mbulojeni dhe ziejini për rreth 30 minuta. Shtoni patatet në tigan, mbulojeni dhe ziejini për 10 minuta të tjera derisa pula të zbutet dhe patatet të jenë gatuar.

Pulë me pesë erëza me patate

Shërben 4

45 ml/3 lugë gjelle vaj kikiriku (kikiriku).
450 g/1 lb pule, e prerë në copa
kripë
45 ml/3 lugë pastë fasule të verdhë
45 ml/3 lugë salcë soje
5 ml/1 lugë sheqer
5 ml/1 lugë çaji pluhur me pesë erëza
1 patate e prerë në kubikë
450 ml/¾ pt/2 gota lëng pule

Ngroheni vajin dhe skuqeni pulën derisa të skuqet lehtë. Spërkateni me kripë, më pas përzieni pastën e fasules, salcën e sojës, sheqerin dhe pluhurin me pesë erëza dhe skuqeni për 1 minutë. Shtoni pataten dhe përzieni mirë më pas shtoni lëngun, lëreni të vlojë, mbulojeni dhe ziejini për rreth 30 minuta derisa të zbuten.

Pulë e pjekur në të kuqe

Shërben 4

450 g/1 lb pule, e prerë në feta
120 ml/4 ml oz/½ filxhan salcë soje
15 ml/1 lugë gjelle sheqer
2 feta rrënjë xhenxhefili, të prera imët
90 ml/6 lugë gjelle lëng pule
30 ml/2 lugë gjelle verë orizi ose sheri të thatë
4 qepë (qepëza), të prera në feta

Vendosni të gjithë përbërësit në një tigan dhe lërini të vlojnë. Mbulojeni dhe ziejini për rreth 15 minuta derisa pula të jetë gatuar. Hiqeni kapakun dhe vazhdoni zierjen për rreth 5 minuta duke e përzier herë pas here derisa salca të trashet. Shërbejeni të spërkatur me qepë.

Rissoles pule

Shërben 4

225 g/8 oz mish pule, i grirë (i bluar)
3 gështenja uji, të grira
1 qepë (krepë), e grirë
1 fetë rrënjë xhenxhefil, e grirë
2 te bardha veze
5 ml/2 lugë kripë
5 ml/1 lugë gjelle piper i sapo bluar
120 ml/4 ml oz/½ filxhan vaj kikiriku (kikiriku).
5 ml/1 lugë proshutë të grirë

Përzieni së bashku mishin e pulës, gështenjat, gjysmën e qepës, xhenxhefilin, të bardhat e vezëve, kripën dhe piperin. Formoni toptha të vegjël dhe shtypni të sheshtë. Ngrohni vajin dhe skuqni petët deri në kafe të artë, duke i kthyer një herë. Shërbejeni të spërkatur me qepën e mbetur dhe proshutën.

Pulë e shijshme

Shërben 4

30 ml/2 lugë gjelle vaj kikiriku (kikiriku).
4 copa pule
3 qepë (qepëza), të grira
2 thelpinj hudhre, te shtypura
1 fetë rrënjë xhenxhefili, e prerë
120 ml/4 ml oz/½ filxhan salcë soje
30 ml/2 lugë gjelle verë orizi ose sheri të thatë
30 ml/2 lugë gjelle sheqer kaf
5 ml/1 lugë kripë
375 ml/13 ml ons/1½ filxhan ujë
15 ml/1 lugë gjelle miell misri (miseshte misri)

Ngroheni vajin dhe skuqni copat e pulës deri në kafe të artë. Shtoni qepët, hudhrat dhe xhenxhefilin dhe skuqini për 2 minuta. Shtoni salcën e sojës, verën ose sherin, sheqerin dhe kripën dhe përziejini mirë së bashku. Shtoni ujin dhe lëreni të vlojë, mbulojeni dhe ziejini për 40 minuta. Miellin e misrit e përziejmë me pak ujë, e përziejmë në salcë dhe e ziejmë duke e trazuar derisa salca të pastrohet dhe të trashet.

Pulë në vaj susami

Shërben 4

90 ml/6 lugë gjelle vaj kikiriku (kikiriku).
60 ml/4 lugë gjelle vaj susami
5 feta rrënjë xhenxhefili
4 copa pule
600 ml/1 pt/2½ filxhan verë orizi ose sheri të thatë
5 ml/1 lugë sheqer
kripë dhe piper i sapo bluar

Ngrohni vajrat dhe skuqni xhenxhefilin dhe pulën derisa të skuqen lehtë. Shtoni verën ose sherin dhe e rregulloni me sheqer, kripë dhe piper. Lëreni të vlojë dhe ziejini lehtë, pa mbuluar, derisa pula të zbutet dhe salca të jetë pakësuar. Shërbejeni në tasa.

Pulë Sheri

Shërben 4

30 ml/2 lugë gjelle vaj kikiriku (kikiriku).
4 copa pule
120 ml/4 ml oz/½ filxhan salcë soje
500 ml/17 ml oz/2¼ filxhan verë orizi ose sheri të thatë
30 ml/2 lugë sheqer
5 ml/1 lugë kripë
2 thelpinj hudhre, te shtypura
1 fetë rrënjë xhenxhefili, e prerë

Ngrohni vajin dhe skuqeni pulën derisa të skuqet nga të gjitha anët. Kulloni vajin e tepërt dhe shtoni të gjithë përbërësit e mbetur. Lëreni të vlojë, mbulojeni dhe ziejini në zjarr mjaft të lartë për 25 minuta. Ulni zjarrin dhe ziejini për 15 minuta të tjera derisa pula të jetë gatuar dhe salca të jetë pakësuar.

Pulë me salcë soje

Shërben 4

350 g/12 oz pulë, të prerë në kubikë
2 qepë (qepëza), të grira
3 feta rrënjë xhenxhefili, të grira
15 ml/1 lugë gjelle miell misri (miseshte misri)
30 ml/2 lugë gjelle verë orizi ose sheri të thatë
30 ml/2 lugë gjelle ujë
45 ml/3 lugë gjelle vaj kikiriku (kikiriku).
60 ml/4 lugë gjelle salcë soje e trashë
5 ml/1 lugë sheqer

Përziejini së bashku mishin e pulës, qepët, xhenxhefilin, miellin e misrit, verën ose sherin dhe ujin dhe lërini të qëndrojnë për 30 minuta, duke i përzier herë pas here. Ngrohni vajin dhe skuqeni pulën për rreth 3 minuta derisa të skuqet lehtë. Shtoni salcën e sojës dhe sheqerin dhe skuqeni për rreth 1 minutë derisa pula të jetë gatuar dhe e butë.

Pulë e pjekur pikante

Shërben 4

150 ml / ¼ pt / bujare ½ filxhan salcë soje
2 thelpinj hudhre, te shtypura
50 g/2 oz/¼ filxhan sheqer kaf
1 qepë, e grirë hollë
30 ml/2 lugë gjelle pure domate (pastë)
1 fetë limon, të prerë
1 fetë rrënjë xhenxhefil, e grirë
45 ml/3 lugë gjelle verë orizi ose sheri të thatë
4 copa të mëdha pule

Përziejini së bashku të gjithë përbërësit përveç pulës. Vendoseni pulën në një enë rezistente ndaj furrës, hidheni mbi masën, mbulojeni dhe marinoni gjatë gjithë natës, duke e larë herë pas here. Piqeni pulën në një furrë të parangrohur në 180°C/350°F/gaz 4 për 40 minuta, duke e rrotulluar dhe pastruar herë pas here. Hiqeni kapakun, ngrini temperaturën e furrës në 200°C/400°F/gaz shenjën 6 dhe vazhdoni të gatuani edhe për 15 minuta të tjera derisa pula të jetë gatuar.

Pulë me spinaq

Shërben 4

100 g/4 oz pulë, e grirë
15 ml/1 lugë gjelle yndyrë proshutë e grirë
175 ml/6 ml oz/¾ filxhan lëng pule
3 të bardha veze të rrahura lehtë
kripë
5 ml/1 lugë çaji ujë
450 g/1 lb spinaq, i grirë imët
5 ml/1 lugë miell misri (miseshte misri)
45 ml/3 lugë gjelle vaj kikiriku (kikiriku).

Përzieni së bashku pulën, yndyrën e proshutës, 150 ml/¼ pt/bujare ½ filxhan lëng pule, të bardhat e vezëve, 5 ml/1 lugë kripë dhe ujin. Përzieni spinaqin me lëngun e mbetur, pak kripë dhe miellin e misrit të përzier me pak ujë. Ngrohni gjysmën e vajit, shtoni përzierjen e spinaqit në tigan dhe përzieni vazhdimisht në zjarr të ulët derisa të nxehet. Transferoni në një pjatë servirje të ngrohur dhe mbajeni të ngrohtë. Ngrohni vajin e mbetur dhe skuqni lugët e përzierjes së pulës derisa të skuqet dhe të zbardhet. Rregulloni sipër spinaqit dhe shërbejeni menjëherë.

Pule Spring Rolls

Shërben 4

15 ml/1 lugë gjelle vaj kikiriku (kikiriku).

majë kripë

1 thelpi hudhër, e shtypur

225 g/8 oz pulë, e prerë në rripa

100 g/4 oz kërpudha, të prera në feta

175 g/6 oz lakër, të grirë

100 g/4 oz fidane bambuje, të grira

50 g/2 oz gështenja uji, të grira

100 g/4 oz lakër fasule

5 ml/1 lugë sheqer

5 ml/1 lugë çaji verë orizi ose sheri të thatë

5 ml/1 lugë salcë soje

8 lëkura roll për pranverë

vaj për tiganisje të thellë

Ngrohni vajin, kripën dhe hudhrën dhe skuqeni butësisht derisa hudhra të fillojë të marrë ngjyrë të artë. Shtoni pulën dhe kërpudhat dhe i përzieni për disa minuta derisa pula të zbardhet. Shtoni lakrën, lastarët e bambusë, gështenjat e ujit dhe filizat e fasules dhe skuqini për 3 minuta. Shtoni sheqerin, verën ose sherin dhe salcën e sojës, përzieni mirë, mbulojeni dhe skuqeni për 2 minutat e fundit. Kthejeni në një kullesë dhe lëreni të kullojë.

Vendosni disa lugë nga përzierja e mbushjes në qendër të çdo lëkure të sprinrollit, palosni pjesën e poshtme, palosni në anët dhe më pas rrotulloni lart, duke mbyllur mbushjen. Mbylleni buzën me pak përzierje mielli dhe uji dhe më pas lëreni të thahet për 30 minuta. Ngrohni vajin dhe skuqini në thellë rolet e pranverës për rreth 10 minuta derisa të jenë të freskëta dhe të marrin ngjyrë kafe të artë. Kullojini mirë përpara se ta shërbeni.